Elogios para
La batalla de cada mujer

«Este libro arroja luz sobre las frecuentes y tácitas sensibilidades y problemas con los que luchan las mujeres. No solo está bien escrito, sino que libera y refresca con sus principios sólidos a fin de lograr superar las cosas que quieren impedirnos experimentar la plenitud de gozo que forma parte del plan global de Dios para nuestras vidas».

MICHELLE MCKINNEY HAMMOND,
autora de *Get Over It and On With It*

«En la cultura permisiva actual, nos resulta peligrosamente fácil, incluso a las mujeres con más altos principios, dar lugar a pensamientos, actitudes y coqueteos malsanos con hombres que no son nuestros esposos. En *La batalla de cada mujer*, Shannon Ethridge traza una línea en la arena con valor y respeto. Es un libro indispensable para toda mujer que desee una verdadera intimidad e integridad sexual».

CONSTANCE RHODES, autora de *Life Inside the «Thin» Cage*

«Hay un mito muy común, casi victoriano, que dice que las mujeres en realidad no luchan con el pecado sexual. Ese mito hace que muchas mujeres sientan una doble vergüenza. La vergüenza de la lucha en la esfera sexual se agrava por la suposición de que pocas mujeres, si es que las hay, se enfrentan a la misma batalla. Con astucia e ingenio, Shannon Ethridge pone al descubierto la guerra y ofrece a las mujeres un camino para entrar en esta batalla con valor, esperanza y gracia. *La batalla de cada mujer* ayudará tanto a hombres como a mujeres a comprender la belleza y la sensualidad gloriosas de la santidad. Es un libro que se necesita con urgencia».

DR. DAN B. ALLENDER, presidente de Mars Hill Graduate School
y autor de *The Healing Path*

«Si te pareces a mí, deseas una conexión lo más profunda posible con tu esposo. Quieres una conexión de alma a alma que no la obstaculice nada capaz de dañarla. Y si te pareces a mí, descubrirás que el libro de Shannon es inmensamente útil para lograrlo. *La batalla de cada mujer* es el mejor recurso que conozco para aceptar el plan que Dios tiene en cuanto a la integridad sexual y emocional como mujer».

LESLIE PARROTT, autora de *When Bad Things Happen to Good Marriages*

«Un escudo poderoso para cada mujer. Las palabras de Shannon son convincentes, desafiantes y que hacen frente».

DR. TIM CLINTON, presidente de la American Association of Christian Counselors [Asociación Estadounidense de Consejeros Cristianos]

«Muchas de las lectoras de *Mujeres malas de la Biblia* han confesado entre lágrimas sus luchas con pecados sexuales: la promiscuidad, el adulterio y la gratificación propia entre ellos. Ya que no podemos esperar que las mujeres cristianas no enfrenten estas tentaciones, es un alivio tener un recurso sólido como este para recomendar. Al no erigirse como juez y a través de su enfoque franco y minucioso, Shannon Ethridge puede ayudar a las mujeres a ponerse a cuentas de la mejor manera posible a través de una relación íntima con el Amante de sus almas».

LIZ CURTIS HIGGS, autora de los éxitos de librería *Mujeres Malas de la Biblia*, *Más mujeres malas de la Biblia* y *María la Loca: Una mujer mala de Magdala*

«Es hora de quitarse la venda de los ojos y reconocer el mensaje crucial de *La batalla de cada mujer*».

Karen Kingssury, autora de los éxitos de librería *Remember* y *One Tuesday Morning*

Shannon Ethridge
con prólogo y epílogo de **Stephen Arterburn**

la batalla
de cada mujer

Descubre el plan de Dios para la plenitud sexual y emocional

Unilit

Sepa

Publicado por
Editorial Unilit
Miami, FL 33172
Derechos reservados

© 2004 Editorial Unilit (Spanish translation)
Primera edición 2004

© 2003 por Shannon Ethridge. Todos los derechos reservados.
Originalmente publicado en inglés con el título:
Every Woman's Battle por WaterBrook Press,
2375 Telstar Drive, Suite 160, Colorado Springs, Colorado 80920.
Publicado en español con permiso de WaterBrook Press,
una división de Random House, Inc.
WATERBROOK y el logotipo con el diseño del ciervo son marcas registradas de WaterBrook Press,
una división de Random House, Inc.

Los nombres y los hechos en las historias se cambiaron, pero las luchas emocionales y sexuales son verídicas de acuerdo a relatos recibidos por la autora a través de entrevistas personales, cartas y correos electrónicos.

Traducción: Cecilia Romanenghi de De Francesco
Fotografía de la cubierta por: CREATAS

A menos que se indique lo contrario, las citas bíblicas se tomaron de la Santa Biblia, *Nueva Versión Internacional.* © 1999 por la Sociedad Bíblica Internacional.
Las citas bíblicas señaladas con LBD se tomaron de la Santa Biblia, *La Biblia al Día.* © 1979 por la Sociedad Bíblica Internacional.
Las citas bíblicas señaladas con DHH se tomaron de *Dios Habla Hoy*, la Biblia en Versión Popular por la Sociedad Bíblica Americana, Nueva York. Texto © Sociedades Bíblicas Unidas 1966, 1970, 1979.
El texto bíblico señalado con RV-60 ha sido tomado de la versión Reina Valera © 1960 Sociedades Bíblicas en América Latina; © renovado 1988 Sociedades Bíblicas Unidas. Utilizado con permiso. Reina-Valera 1960® es una marca registrada de la American Bible Society, y puede ser usada solamente bajo licencia.
Las citas bíblicas señaladas con LBLA se tomaron de la Santa Biblia, *La Biblia de Las Américas.* © 1986 por The Lockman Foundation.
Las citas bíblicas señaladas con BLS se tomaron de la *Biblia en Lenguaje Sencillo.* © 2000 por las Sociedades Bíblicas Unidas.
Usadas con permiso.

Producto 496750
ISBN 0-7899-1161-2
ISBN 978-0-7899-1161-2

Impreso en Colombia
Printed in Colombia

Categoría: Vida cristiana /Vida práctica /Mujeres
Category: Christian Living /Practical Life /Women

A mi esposo, Greg.
Gracias por tu obediencia
a Dios y por tu fe en mí.
Tu amor ha sido mi fortaleza
y escudo en medio de cada batalla.

Contenido

Prólogo

(de Stephen Arterburn)

Hace un par de años, trabajé con Fred Stoeker para producir el libro *La batalla de cada hombre*. Al principio tenía algunas dudas en si debía o no participar en el proyecto porque no pensaba que los hombres iban a querer leer un libro que enfrentara en forma tan abierta la batalla que casi todos libran: la batalla contra la lujuria y la impureza sexual. Así que me sorprendió y alentó ver que alrededor de cuatrocientos mil libros de la Serie para Todo Hombre se vendieron en dos años. Me sorprendió ver cómo los libros permanecían en la lista de los más vendidos y me alentó ver cómo los hombres de las iglesias de todo el mundo comienzan a tratar un aspecto de sus vidas que hasta el momento ha sido un gran secreto. Una nueva apertura ha llevado a que muchos hombres, atrapados en el silencio y el pecado, tengan esperanza.

Esta misma mañana conocí a una joven llamada Danielle. Me trajo dos libros que parecía que les había llovido encima y que los había aplastado un camión de basura. Eran *La batalla de cada hombre* y *El deseo de cada mujer*. Danielle me explicó que estaban tan destrozados porque su esposo David los había leído y estudiado hasta el cansancio. Me dijo que David está conduciendo por segunda vez una clase de hombres donde se estudian estos libros. Me resulta increíble la dedicación que se le está dando a este tema y al material.

Mientras Danielle y yo conversábamos, me comentó que su iglesia está realizando un nuevo proyecto. Están usando el material de *La batalla de cada hombre* para tratar los mismos asuntos con un grupo de mujeres. Busqué en mi maletín y le mostré el manuscrito de *La batalla de cada mujer*. No se imaginan lo contenta que se puso. Más contento me puse yo al ver su entusiasmo por ayudar a otras mujeres a encontrar la verdad que su esposo y este grupo de hombres ya han encontrado.

Desde que colaboré en *La batalla de cada hombre*, muchas mujeres me han preguntado: «¿Dónde está el libro para ayudarnos con nuestra batalla?». En *La batalla de cada hombre* dejé mi dirección de correo electrónico y le pedí a los lectores que se comunicarán conmigo en forma directa. Desde entonces, he estado muy ocupado respondiendo miles de mensajes de hombres que se han comprometido con la integridad y la pureza sexual. Sin embargo, no solo los hombres se comunicaron conmigo, muchas mujeres leyeron el libro y quisieron preguntar las mismas cosas. *La batalla de cada mujer* surgió de estos mensajes de correo electrónico y de charlas en persona con mujeres como Danielle.

Aunque no sea tan evidente para las mujeres como lo es para los hombres, hay una batalla que casi toda mujer tendrá que librar: la de la integridad emocional y sexual. Aun así, la batalla de la mujer en general no comienza con un ojo errante ni lujurioso, como en el caso del hombre. Aunque las mujeres también se excitan en forma visual, la batalla es típicamente más sutil y comienza en un territorio mucho más profundo. En general, la batalla de la mujer comienza en un corazón lleno de desilusión.

La desilusión de una mujer con respecto a los hombres, las circunstancias, Dios, la vida, el dinero, los hijos y el futuro, puede hacer que su corazón divague. Si es soltera, es probable que se vuelque a las fantasías y la gratificación propia, dañando de esta manera su potencial para desarrollar una conexión sexual saludable con su futuro esposo. Si es casada, es probable que empiece a comparar a su esposo con cualquier otro hombre, y cuando esto sucede, el que sale siempre perdiendo es el esposo. Es posible que se obsesione con todo lo que no es y con todo lo que podría ser. Tal vez le exprese su deseo profundo de que sea diferente y mejor, casi siempre con críticas y quejas. La situación se torna tan seria que empieza a sentir que se merece algo mejor, alguien que sea capaz de satisfacer sus necesidades como ella se merece.

Sin saberlo, traiciona a su esposo con cada pensamiento acerca de él y de esa otra persona a la que ve como superior. Y cada comparación trae consigo una desconexión mayor y más profunda entre ellos, junto con la posibilidad cada vez mayor de que caiga en una aventura emocional e incluso sexual. Y aunque no caiga en ninguna de las dos cosas, el rechazo hacia su esposo destruye el potencial para que experimente la satisfacción que anhela.

Creo que las mujeres desean una conexión profunda con un hombre, una conexión tan profunda que crezca hasta transformarse en una intimidad inseparable y que resulte en una satisfacción maravillosa como amigos y como compañeros sexuales. Con todo, para que esto suceda, tanto hombres como mujeres deben vivir una vida de integridad sexual. Para los hombres, esto significa no permitir que otras mujeres entren en nuestra mente y en nuestro corazón, incluyendo imágenes pornográficas y recuerdos sexuales del pasado. Para las mujeres, significa aceptar, en lugar de rechazar, a sus esposos. Significa superar la desilusión para mantener una conexión saludable con sus esposos.

Cuando escuché la historia de Shannon y la conocí, supe que era la persona indicada para escribir este libro. Ha experimentado las tentaciones que la mayoría de las mujeres no admiten por vergüenza o temor. Tuvo un corazón que divagó durante años, pero ya no es así. Shannon acogió el plan de Dios para la satisfacción emocional y sexual, y esto curó su corazón. Su disposición, sabiduría, sinceridad e integridad pueden ayudarte a vivir una vida de integridad emocional y sexual.

A fin de que crezcas y madures, tu sexualidad debe estar integrada con el resto de tu vida. Esto significa integrar la esfera de los pensamientos y las fantasías a tu matrimonio. Cuando lo haces, te sientes completa, armoniosa, llena. El peligro de vivir en tu mundo privado de fantasía y gratificación es que terminas con una vida segmentada, con fantasías secretas, prácticas sexuales secretas y obsesiones. Si estas cosas te describen, este libro te mostrará cómo integrar todas las partes de tu persona para que logres ser una mujer completa y saludable, fielmente conectada en intimidad con tu esposo y con tu Dios.

Si has estado vagando en el mundo decepcionante de lo que fue y de lo que pudo haber sido, *La batalla de cada mujer* te traerá de vuelta a la realidad que Dios quiere que vivas y experimentes en tu matrimonio. Casada o soltera, podrás encontrar ayuda y esperanza en estas páginas. Oro para que cuando termines de leer, te encuentres en un camino de crecimiento y madurez espiritual tal, que te permita permanecer pura ante el Señor y experimentar una verdadera satisfacción sexual y emocional.

Que Dios te bendiga en gran manera por tu deseo de buscar su verdad.

PD: Este libro se escribió ante todo para mujeres casadas o que planean casarse. Si eres soltera, será inestimable ya que estás previendo un matrimonio satisfactorio. Si no planeas casarte, te ayudará a darles sabios consejos a tus amigas.

Reconocimientos

Mi mayor gratitud es para Jesucristo, el Amante que he anhelado toda mi vida. Gracias por revelarte a mí y por confiarme tu visión para el ministerio de Women at the Well Ministries. También quiero agradecerte por el precioso regalo de un esposo temeroso de Dios. Greg, ¿adónde estaría si no me hubieras amado como Cristo amó a la iglesia, sobre todo en medio de los momentos en que yo hacía que fuera más difícil amarme? Tu ejemplo y fidelidad a través de estos trece años me han probado que el amor verdadero e incondicional no pertenece solo a los cuentos de hadas. Ningún autor ha podido escribir palabras lo bastante profundas para expresar mi amor y compromiso hacia ti.

Gracias a mis hijos, Erin y Matthew, por creer en mí y alentarme. ¡El sol y la risa que traen cada día es un regalo muy grande! De todos los títulos que uso en la vida, el que me pone más orgullosa es el de «supermamá». ¡Son unos hijos increíbles!

A mamá y papá: Ah, ¡cuánto valoro su disciplina, paciencia y oraciones! Tuve mucha suerte de tenerlos como padres, pero más suerte aun de que sean mis amigos. A Jay y Wanda: gracias por amarme como a una hija y por criar a un hijo tan maravilloso. Es una alegría tener padres y suegros que siempre me apoyan.

Gracias a todas mis «otras madres» de la Escuela Dominical del Pequeño Rebaño, por orar por mí a través de las cumbres y valles de la vida. A decir verdad, me han dado un gran ejemplo.

A las amigas que me controlan y que me ayudaron a ver la luz cuando estaba ciega por las conspiraciones de Satanás. Lisa, ¡quien haya dicho que los lazos de sangre son más fuertes que cualquier otro no conocía la intensa amistad que compartimos! Te quiero muchísimo.

A Ron y Katie Luce, David Hasz y todos los colaboradores en Cristo en Teen Mania Ministries. Su apoyo, inspiración y confianza han sido herramientas que Dios ha usado para hacer que siga adelante con este manuscrito y con el ministerio. Es un honor y un privilegio trabajar con ustedes para levantar una generación de personas que cambien el mundo. A Kym Blackstock y Tracy Kartes, llegaron en un momento vital en este proceso de escritura y estoy muy agradecida por su ayuda.

A Jack Hill, Dean Sherman y a todos nuestros amigos en Mercy Ships International [Naves de esperanza], con sincero aprecio por la sabiduría que nos trasmitieron y por la esperanza y consuelo que nos permitieron regar entre mujeres de otras partes del mundo.

A mis fenomenales mentores, Jerry Speight y Susan Duke: ¡Han sido viento bajo mis alas! Jerry, me has alentado a buscar caminos que nunca hubiera soñado transitar. Gracias por inspirarme a ser todo lo que quería Dios. Y Susan, mi amiga «maestra del bolígrafo»: gracias por adoptar a esta alumnita y por darme tanto aliento para seguir adelante.

Quiero agradecer en especial a todos los que trabajaron codo a codo conmigo para poner este proyecto en manos de muchas otras mujeres. Linda Glasford y Greg Johnson, gracias por captar esta visión y arriesgarse conmigo. Ni todas las rosas rosadas y las conchas de mar del mundo expresarían la magnitud de mi agradecimiento. Stephen Arterburn y Fred Stoeker, gracias por compartir mi pasión por empezar un nuevo tipo de revolución. Es un privilegio estar invitada a acompañarlos en este movimiento. Por último, a mi increíble editora, Liz Heaney, y a toda la gente maravillosa de WaterBrook Press, un sincero agradecimiento por su paciencia y profesionalismo para ayudarme a desarrollar este manuscrito y lograr algo que, según oro, sea un instrumento para cambiar muchas vidas.

Introducción

Un día mi esposo, Greg, trajo a casa el libro *La batalla de cada hombre*, le dio vueltas delante de mí y me dijo con cara seria: «Creo que tendrías que escribir *La batalla de cada mujer*». Mi respuesta inmediata fue: «¡Sí, claro!». No es que no me sintiera capacitada para escribir un libro así, ya que me había graduado en la escuela de golpes duros a la hora de reconocer y superar tentaciones emocionales y sexuales. Sin embargo, ya hacía un año que había intentado publicar un manuscrito sobre los mismos temas y una y otra vez los editores me decían: «Las mujeres no luchan con problemas sexuales lo suficiente como para que un libro sobre ese tema se venda en realidad».

Mientras tanto, *La batalla de cada hombre* trepaba a la cima de la lista de los más vendidos. Me preguntaba cómo era posible que la gente fuera tan ingenua para pensar que la integridad sexual es solo un problema de hombres. Tanto el hombre como la mujer fueron creados por Dios como seres sexuados, ¿no es así? Para bailar tango hacen falta dos, y por cada hombre que cae presa de la tentación sexual, hay una mujer que cae con él. Mientras que muchos hombres restringen sus aventuras a lo que permiten que ingrese con lujuria por sus ojos, las mujeres también se rinden con ansia a fantasías mentales o aventuras emocionales. Algunas comparan al esposo con otros hombres y se desilusionan cuando este no puede estar a la altura de las circunstancias. Muchas de nosotras no nos damos cuenta de cómo ponemos en peligro nuestra integridad sexual, de cómo nos robamos lo que más anhelamos: una verdadera intimidad y satisfacción.

Como sentí curiosidad al ver que mi esposo defendía de manera tan categórica *La batalla de cada hombre*, lo leí con voracidad. Sin cesar pensaba: *Muchas de estas cuestiones no son exclusivas de hombres, sino que las mujeres también las experimentan. ¡Simplemente se manifiestan en formas diferentes!* Stephen Arterburn escuchaba en ese tiempo las mismas cosas de boca de mujeres que, según él, tenían una necesidad innegable. No me imaginaba que en unos pocos meses Dios nos uniría a Steve y a mí para trabajar juntos en este proyecto (gracias a mis amigos Ron y Katie Luce, nuestros representantes literarios en Alive Communications y a la gente de visión de WaterBrook Press).

Así que anímate, se escucharon tus gritos de auxilio. Este libro es un manual de preparación que te ayudará a evitar la transigencia en el ámbito emocional y sexual, y te mostrará cómo experimentar el plan de Dios para la satisfacción sexual y emocional. Te ayudará a aprender más acerca de lo que Dios tiene que decir acerca de este asunto y te ayudará a examinar tu propia vida para que logres desarrollar un plan práctico para la victoria en tu excepcional batalla de integridad sexual y emocional.

¿Quieres ser una mujer de integridad sexual y emocional? Con la ayuda de Dios, puedes hacerlo. Empecemos.

PRIMERA PARTE

Comprende dónde estamos

¡No es solo una batalla de hombres!

Tropiezas de día y de noche [...]
pues por falta de conocimiento mi pueblo ha sido destruido.

OSEAS 4:5-6

Hubo una época en la que tenía aventuras extramatrimoniales con cinco hombres diferentes.

Primero, fue Scott. Lo conocí cuando trabajaba de voluntaria en un campamento de verano. Scott era muy sociable, extrovertido y conversador. Lo primero que me atrajo fue su capacidad para conversar con cualquiera; no solo me refiero a una conversación superficial, sino a una discusión profunda y significativa. Si entraba en un cuarto donde él estaba, me daba toda su atención y me preguntaba cómo iba todo y cómo me sentía. En comparación, sin embargo, mi esposo era un hombre de pocas palabras, del tipo fuerte, silencioso.

Después fue mi entrenador de buceo, Mark. Parecía Lloyd Bridges con su distinguido cabello entrecano. La madurez de Mark y su amor por el buceo me intrigaban. Me alentó a superar mis temores y me ayudó a descubrir mi lado de aventurera submarina. Me sentía segura con él, como se siente una hija con su papá. Mi esposo, por otro lado, era solo unos años mayor que yo. No evocaba en mí esa sensación de cuidado y seguridad que me daba Mark.

Tom era mi profesor de contabilidad en la universidad. Lo que me llamó la atención de Tom fue su ingenio e inteligencia.

Tenía la idea de que la clase de contabilidad iba a ser la más aburrida de todas, pero él siempre tenía esa manera de hacer que se transformara en la parte más divertida e interesante del día. Mi esposo también era un contador inteligente, pero no podía hacerme reír como Tom. Su ingenio palidecía en comparación con el de Tom.

Después vino Ray. Fue mi novio antes de casarme con Greg. Ray era un romántico irremediable, siempre me colmaba de cumplidos y me hacía perder la cabeza en medio de una refulgente pasión. Al parecer, la relación con mi esposo nunca tenía esa chispa mágica que sentía cuando estaba con Ray. Él había establecido el estándar romántico al cual Greg nunca podía llegar.

Por último, también estaba Clark. Era un galán elegante y desenvuelto, de una belleza un tanto tosca. Siempre estaba a la espera de encontrarme con él los viernes por la noche. Cuando me aproximaba al mostrador de la tienda de vídeos, el dueño iba automáticamente a la sección de clásicos y sacaba cualquier película de Clark Gable. No importaba cuál, me encantaban todas. Incluso con sus dos metros de altura, Greg no podía alcanzar a Clark.

Aun cuando no tenía relaciones sexuales con ninguno de estos hombres, sí tenía una aventura con cada uno de ellos: una aventura mental o emocional. Mis fantasías de ser la protagonista en una película con Clark Gable, los recuerdos de mi relación romántica con Ray, mi fascinación ante el ingenio de Tom, la madurez de Mark y el talento verbal de Scott afectaron mi matrimonio dañándolo de la misma manera que si hubiera tenido una aventura sexual.

Pasaba por alto muchas de las cosas maravillosas de mi esposo porque me concentraba tanto en los aspectos positivos de cada uno de estos otros hombres como en los atributos negativos de mi esposo. Debido a la convivencia con Greg, no solo veía las cosas buenas, sino también las malas y desagradables. No bajaba el asiento del inodoro a medianoche, roncaba y tenía mal aliento al despertarse. Luego se lavaba los dientes y dejaba pasta dental en el lavabo. A veces pensaba que Greg no podía hacer nada que me viniera bien, y con todas mis críticas, es probable que él tampoco sintiera que podía hacer nada para complacerme.

Las imperfecciones de otros hombres, sin embargo, iban más allá de lo que yo podía alcanzar a ver. Podía mirarlos y ver solo sus brillantes cualidades, parecidas a las que había visto en Greg al principio, pero que había ido perdiendo de vista con los años debido a todas mis comparaciones.

Me sentía distanciada y desilusionada. ¿Algún día sería capaz de excitarme como lo hacían los otros hombres? ¿Todavía estaba enamorada de él? ¿Algún día llegaría a estar a la altura de las circunstancias? ¿Aprendería a vivir con mi «menos que perfecto»?

Por suerte, las respuestas positivas a estas preguntas han salido a la superficie desde que puse fin a estas aventuras y cambié la vara con la que medía. Me fascina poder informarles que nuestro matrimonio de trece años sigue adelante a toda vela y mejor que nunca (aunque, por supuesto y como toda pareja, a veces tenemos nuestros momentos). Estoy agradecida por no haber cambiado nunca a Greg por otro modelo y más agradecida aun ya que él tampoco se dio por vencido ni dejó de confiar en mí. Juntos, hemos descubierto un nuevo nivel de intimidad que no sabíamos que existía, todo porque dejé de compararlo y criticarlo y comencé a abrazar la singularidad de mi esposo.

A lo largo de la última década en la que busqué una cura para este y otros problemas, así como enseñé acerca de la pureza y restauración sexual, me he dado cuenta que de una manera u otra todas las mujeres pelean la batalla por la integridad sexual y emocional. Sin embargo, muchas pelean con los ojos cerrados porque ni siquiera creen que estén en medio de una batalla. Muchas consideran que por no participar en una aventura física o sexual no tienen problema con la integridad sexual y emocional. Como resultado, caen en conductas y pensamientos que ponen en peligro su integridad y les impiden satisfacerse en el ámbito sexual y emocional.

A fin de mostrarles a qué me refiero, les presentaré algunas mujeres que tienen los ojos cerrados a las concesiones que se permiten.

Rebeca está casada hace diez años y dice que su esposo es muy sensible y afectuoso en la cama.

A Craig siempre le ha interesado mi placer sexual tanto como el suyo. Siento que es importante para él que yo tenga un orgasmo, así que la mayoría de las veces mientras estamos haciendo el amor, cierro los ojos y me imagino que estoy con otro hombre. No es alguien que conozca, ni nada por el estilo. Es solo una cara y un cuerpo imaginario que me excita porque no lo conozco y eso me da una sensación de peligro, ¿sabes? El solo pensar que un extraño me seduce en algún lugar exótico me da ganas de tener relaciones. No puedo lograr tener estas ganas si lo único que hago es estar sentada en la casa con mi esposo. No es que él no sea atractivo, simplemente me excita más imaginarme una aventura peligrosa con alguien al que no tengo que recogerles del piso los calcetines.

Nunca haría una cosa así (al menos creo que no), es solo que siento que mi obligación es tener un orgasmo, y parece que la única manera en que lo logro es fantaseando con otro hombre. No creo que tenga nada de malo, pero un día hice un chiste al respecto y Craig se lo tomó muy en serio. Dice que se siente traicionado porque no estoy «mentalmente presente» mientras hacemos el amor. Dice que no hay diferencia entre lo que estoy haciendo y que él mire pornografía, pero no estoy de acuerdo. No hay nada de malo al respecto si en realidad nunca le fuera infiel. ¿Acaso no todas hacen lo mismo?

Carol es una mujer muy atractiva de unos cuarenta y cinco años, casada hace veinte años. Ella y su esposo, Chris, son líderes en la iglesia y trabajan como «consejeros matrimoniales» con parejas de la congregación que necesitan ayuda en su relación. Sin embargo, Chris viaja a menudo por su trabajo y Carol tiene que arreglárselas sola con algunas situaciones de consejería bastante difíciles.

Hace algunos meses, Carol recibió una llamada de Steve a eso de las nueve de la noche. Steve era un viejo miembro de su clase de la Escuela Dominical. Era bien sabido que la esposa de Steve era alcohólica, y en esa noche en particular, su estado de ebriedad había devastado a Steve y lo había hecho buscar protección. Le preguntó a Carol si podía ir a su casa para hablar un rato con ella y con Chris.

«Era lo bastante sensata como para no invitar a Steve a mi casa cuando Chris no estaba. Después de todo, era un hombre en un estado muy vulnerable y era muy atractivo. En cambio, le sugerí que nos encontráramos a tomar un café en una cafetería del lugar. En realidad, su angustia tocó mis fibras más sensibles. Hablamos hasta después de medianoche y le sugerí que oráramos juntos y volviéramos a nuestras casas ya que el lugar iba a cerrar».

Cuando Carol inclinó la cabeza con las manos en el mantel, sintió cómo las manos fuertes de Steve envolvían las suyas y escuchó cómo derramaba su corazón en oración. «Señor, ayuda a mi esposa a ver lo que podría ser si dejara de tomar. Ayúdala a ser más paciente, amable y afectuosa... como Carol».

Meses después, Carol aún se imagina cómo sería acercarse más a Steve. Es más, las cosas entre ella y Chris se han tornado tensas, ya que Carol se enoja o se deprime sin motivo aparente. «Parece que cada vez que escucho a Steve hablar en la Escuela Dominical, tomo cada una de sus palabras y me pregunto que más puedo hacer para aliviar su dolor sin causar sospechas de los fuertes sentimientos que he desarrollado hacia él. A veces creo que tendría que confesarle esto a Chris y a nuestro pastor y salir del programa de consejeros matrimoniales por un tiempo. Sin embargo, muchas otras veces pienso: *¡No estoy haciendo nada que ponga en peligro mi matrimonio, así que deja de sentirte culpable! Que Steve me parezca atractivo no significa que no tenga que intentar ayudarlo»*.

Con veintiocho años de edad y soltera, Sandra se ha masturbado durante quince años. Su lucha comenzó cuando tenía doce años, al encontrar una de las novelas románticas de su madre. Lectora voraz, Sandra pronto se devoraba varias novelas a la semana, se excitaba y se masturbaba para obtener un «alivio». Sandra confiesa:

> Cuando me gradué de la secundaria, a menudo sostenía un libro con una mano y me estimulaba con la otra. Mientras que en mi corazón sentía que lo que hacía estaba mal, siempre lograba justificarlo. Después de todo, la Biblia no lo prohibía de forma expresa. Dios había hecho mi cuerpo para responder, así que sin duda no me iba a negar ese placer, ¿no es cierto? Ya que no me había dado un esposo, sentía que estaba en mi derecho. Sin duda, no podía contar con que yo esperara tanto tiempo, ¿no? ¿Y a quién le hacía daño? No había nadie más involucrado.
>
> Sin embargo, siempre he sentido como si hubiera una barrera entre Dios y yo. He sentido su llamado a

abandonar esta conducta, a apartarme de esto, ¡pero el deseo es muy fuerte! Hace varios años dejé de leer novelas románticas, pero todavía fantaseo cuando estoy acostada en mi cama y en general termino masturbándome. Siempre me digo: «Voy a obedecer mañana o la semana que viene, pero por ahora necesito el alivio». A veces incluso me enojo con Dios y pienso: *Si me dieras un esposo, ¡no tendría este problema!*

Hace siete años que Lacy se casó y tiene dos hijos pequeños. Aunque se llevaba muy bien con su esposo, David, cuando eran novios, las cosas han ido empeorando en forma constante en su matrimonio debido a presiones financieras. Desde que despidieron a David el año pasado, ha tenido que hacer varios trabajitos para llegar a fin de mes. Tomó un trabajo en el que entrega periódicos en un barrio al otro lado de la ciudad. Se levanta a las cuatro de la mañana para ocuparse de las responsabilidades del periódico y luego se dirige a cualquier lugar a trabajar en el trabajo temporal que le hayan conseguido en la agencia ese día. Lacy se queja:

Lo único que David quiere hacer es trabajar, venir a casa a comer e irse derecho a la cama. No muestra mucho interés en pasar tiempo conmigo ni en ayudarme con los chicos. Menos mal que no queremos más hijos porque ya casi nunca hacemos el amor.

Me pongo celosa cuando veo a otros esposos de compras con sus esposas, en la iglesia con sus familias, con sus hijos en el parque o haciendo cosas por el estilo. Un día le confesé esto a una amiga y me dijo que el césped siempre es más verde en el jardín del vecino. Me dio un pequeño sermón acerca de codiciar el esposo ajeno, así que me callé la boca.

Aunque sé que nunca voy a divorciarme porque tomo mis votos matrimoniales muy en serio, a menudo me pregunto si David se morirá antes que yo, así quizá algún día tenga la oportunidad de tener un matrimonio más feliz con un esposo de mayor éxito y atento. A menudo sueño despierta con esto, en general cuando estoy acostada a la mañana después que David se marcha a entregar periódicos. En un estado entre dormida y despierta, sueño que tengo una cita con otro hombre que quiere llevarnos a todos a comer fuera o con un nuevo esposo que está en la cocina preparándome el desayuno para traérmelo a la cama.

SEMILLAS DE CONCESIÓN, COSECHAS DE DESTRUCCIÓN

Aunque no se podría juzgar a ninguna de estas mujeres en un tribunal de justicia por infidelidad y condenarlas por adulterio, ¿no han estado sembrando semillas de concesión? ¿O acaso la infidelidad emocional y mental no compromete nuestra integridad sexual?

La Escritura nos advierte acerca de esto mismo:

[La] que siembra para agradar a su naturaleza pecaminosa, de esa misma naturaleza cosechará destrucción. (Gálatas 6:8)

Cada [una] es [tentada] cuando sus propios malos deseos [la] arrastran y seducen. Luego, cuando el deseo ha concebido, engendra el pecado; y el pecado, una vez que ha sido consumado, da a luz la muerte. (Santiago 1:14-15)

En estos pasajes tenemos el llamado a vivir una vida de rectitud. Este es el principio: Si perseguimos deseos carnales, con el tiempo acabarán con nosotras. Cuando sembramos semillas emocionales y mentales de concesión, cosechamos destrucción en nuestras relaciones. Solo pregúntale a Jean.

ATRAPADA EN LA WEB DE LA INTRIGA

Jean tiene cerca de cuarenta años y está casada con Kevin, un vendedor de computadoras. Una vez que sus hijos entraron a la escuela, Jean decidió volver a comunicarse con algunos viejos amigos en su tiempo libre. Cuando llegó la primera cuenta exorbitante de teléfono, ¡Kevin insistió en que Jean aprendiera a usar el correo electrónico para reducir los gastos de este «regreso a la comunicación» que hacía Jean! Como era un hábil vendedor de computadoras, Kevin la convenció de que podía aprender a usar la Internet como cualquier otra persona.

A Jean le fascinó este nuevo pasatiempo de mandar lindos correos electrónicos, navegar por la red para obtener cupones, ofrecer dinero por antigüedades en subastas, escanear y enviar fotos por el ciberespacio y demás. Luego, descubrió las salas de charla.

Unos pocos minutos en una sala de charla se transformaron en varias horas diarias. Una mañana, mientras esperaba que se conectara una de sus amigas, leyó en pantalla una pregunta de alguien con el nombre de *MiamiMike*: «¿Hay *alguien* ahí o estoy solo en esta sala?».

Luego de unos momentos, Jean respondió: «¡Parece que estamos solo tú y yo!». Cuando las amigas de Jean entraron a la sala de charla media hora más tarde, ella y Mike ya se habían enterado de muchas cosas el uno del otro y tenían mucho en común, es más, Jean creció en Florida y adoraba la playa. Cuando leyó acerca del departamento de Mike con vista al océano, mientras que ella estaba sentada en su nevado hogar en Minnesota, sintió fiebre de cabaña.

Jean comenzó a conectarse a la Internet luego de dejar a los chicos en la escuela, sabiendo que Mike la estaría esperando.

Una vez, él le pidió que se conectara otra vez a la noche antes de irse a dormir. Esa noche, Jean arropó a los niños en la cama, se acostó al lado de Kevin hasta que este se durmió y luego se fue de puntillas al estudio, donde la esperaba *MiamiMike*. Jean sintió que engañaba a su esposo, pero pensó: *¡Después de todo, está a cientos de kilómetros de aquí! ¿Qué podría pasar con toda esta distancia en el medio?*

La conexión emocional entre Jean y *MiamiMike* se hizo más sólida que el cemento. Luego de unas semanas, la curiosidad venció a Jean y le preguntó a Kevin si podía viajar a Florida durante el fin de semana para reunirse con unas viejas amigas de la escuela. «Seguro, cariño. Puedo arreglármelas», le respondió Kevin, pensando que le hacía un favor. En realidad, le había dado a Jean suficiente soga como para ahorcarse.

En setenta y dos horas, estaba en un avión rumbo a Miami. Con agradable sorpresa, *MiamiMike* fue a buscarla al aeropuerto y la escoltó a su departamento donde los esperaba una botella helada de champagne y dos copas altas de cristal junto a la bañera caliente. (Más tarde nos enteraremos qué sucedió con Jean).

¡No es solo una batalla de hombres!

Jesús dijo:

> «Ustedes han oído que se dijo: "No cometas adulterio".
> Pero yo les digo que cualquiera que mira a una mujer y
> la codicia ya ha cometido adulterio con ella en el corazón».
> (Mateo 5:27-28)

¿Les hablaba solo a los hombres en este versículo? ¡Por supuesto que no! Para poder aplicar este versículo a nuestras vidas, parafraseémoslo de esta manera:

> Te digo que cualquier mujer que con ansias piensa en
> otro hombre, ya ha cometido adulterio en su corazón.

Cuando escucho decir que las mujeres no luchan con problemas sexuales como los hombres, no puedo evitar preguntarme de qué planeta serán o bajo qué roca se han estado escondiendo. Quizá se refieren a que el acto *físico* de la relación sexual no es una tentación incontenible como lo es para los hombres. El hombre y la mujer pelean en formas diferentes cuando se trata de integridad sexual. Mientras que la batalla del hombre comienza con lo que entra por sus ojos, la de la mujer comienza en su corazón y en sus pensamientos. Un hombre debe cuidar sus ojos para mantener la integridad sexual, pero como Dios hizo que las mujeres se estimulen emocional y mentalmente, debemos cuidar de cerca nuestro corazón y nuestra mente junto con nuestro cuerpo si queremos experimentar el plan de Dios para la satisfacción sexual y emocional. La batalla de las mujeres es de integridad sexual *y* emocional.

Mientras que el hombre necesita una conexión mental, emocional y espiritual, sus necesidades físicas suelen estar en el asiento del conductor mientras que sus otras necesidades van en el asiento de atrás. En el caso de las mujeres sucede lo contrario. Si hay una necesidad en particular que nos motiva es, sin duda, la necesidad emocional. Por eso se dice que los hombres *dan amor para obtener relación sexual* y que las mujeres *dan relación sexual para obtener amor*. No se trata de hacer un juego de palabras, es simplemente la manera en que nos hizo Dios.

Otra diferencia única entre hombres y mujeres es que muchos hombres son capaces de dar su cuerpo a una compañera sin sentir la necesidad de dar su mente, corazón o alma, mientras que las mujeres son relativamente incapaces de hacerlo. Él puede disfrutar de la relación sexual sin comprometer su corazón o sin realizar una conexión espiritual con el objeto de su deseo físico. El cuerpo de la mujer, en cambio, solo sigue a alguien en quien piensa día y noche y con quien su corazón y espíritu ya se han conectado (a menos que haya un comportamiento disfuncional o adictivo en el caso). Cuando ella da su mente, su corazón y su alma, en general lo que sigue es su cuerpo. Los cuatro están intrincadamente conectados (hablaremos más de esto en el capítulo siguiente).

Hombres	Mujeres
• anhelan intimidad física	• anhelan intimidad emocional
• dan amor para obtener relación sexual	• dan relación sexual para obtener amor
• el cuerpo puede desconectarse de la mente, del corazón y del alma	• el cuerpo, la mente, el corazón y el alma se conectan de forma compleja
• se estimulan por lo que ven	• se estimulan por lo que escuchan
• tienen un ciclo recurrente de necesidades físicas	• tienen un ciclo recurrente de necesidades emocionales
• son vulnerables a la infidelidad en ausencia de contacto físico	• son vulnerables a la infidelidad en ausencia de conexión emocional

Figura 1.1

En tanto que los hombres se excitan sobre todo por lo que ven, las mujeres se excitan por lo que escuchan. Es probable que él fantasee con la idea de ver a una mujer que se desviste, pero ella fantasea con un hombre que le susurra palabras de amor al oído. La tentación de mirar pornografía puede ser incontenible para un hombre, en tanto que una mujer prefiere leer el diálogo de una novela romántica que describe una relación. Los hombres quieren mirar y tocar, en tanto que las mujeres prefieren hablar y relacionarse.

La mayoría de los hombres experimenta una necesidad recurrente y regular de alivio sexual físico. Algunos tienen esta intensa necesidad con mucha frecuencia, incluso cada uno o dos días. Otros lo experimentan un par de veces a la semana o incluso menos (de acuerdo al momento de la vida). La frecuencia de la necesidad varía de hombre a hombre, pero cada uno tiene su propio «ciclo» sexual en el cual experimenta estos deseos físicos. Aunque a algunas mujeres les cueste entender que la relación sexual es en sí una necesidad cíclica para los hombres, ¿no tenemos acaso nuestro propio ciclo también? Aunque tal vez el placer físico no sea una necesidad cíclica, anhelamos atención y afecto en forma regular.

Así como un hombre se vuelve mucho más vulnerable a tener una aventura sexual si su esposa rara vez responde a sus necesidades físicas, la mujer se vuelve mucho más vulnerable a una aventura cuando se desatienden sus necesidades emocionales una y otra vez. Cuando una mujer cae en una aventura sexual, la mayoría de las veces comienza por las emociones. Debido a sus necesidades emocionales, su corazón pide a gritos que alguien satisfaga los deseos más profundos de que la amen, la necesiten, la valoren y la aprecien. Así como para el hombre sus necesidades físicas son de vital importancia, para la mujer sus necesidades emocionales ocupan ese lugar.

La figura 1.1 (en la página anterior) resume las diferencias que distinguen la respuesta sexual del hombre y de la mujer.

LA INGENUIDAD NO ES UNA VIRTUD

No seamos tan ingenuas como para creer que solo porque Rebeca, Carol, Sandra o Lacy no estén teniendo relaciones prematrimoniales o extramatrimoniales, sus acciones no ponen en peligro su integridad sexual. Tampoco es sabio pensar que lo que le pasó a Jean o a cualquier otra mujer nunca nos pasaría a nosotras.

El apóstol Pablo escribe:

Por lo tanto, si alguien piensa que está firme, tenga cuidado de no caer [...] Por eso, dispónganse para actuar con inteligencia; tengan dominio propio [...] no se amolden a los malos deseos que tenían antes, cuando vivían en la ignorancia. Más bien, sean ustedes santos en todo lo que hagan, como también es santo quien los llamó; pues está escrito: «Sean santos, porque yo soy santo» [...] Entre ustedes ni siquiera debe mencionarse la inmoralidad sexual. (1 Corintios 10:12; 1 Pedro 1:13-16; Efesios 5:3)

Pablo sabía que la tendencia humana nos lleva a vivir en negación, cerrando los ojos a las cosas que debemos cambiar de nuestra vida. Cambiar significa trabajar con ahínco, y nosotros preferimos quedarnos donde estamos. Con todo, Dios no nos ha llamado a vivir así. Quiere ayudarnos a controlar nuestra mente y nuestros deseos a fin de que seamos más parecidos a Él. Quiere ayudarnos a descubrir su plan para la satisfacción relacional. Aunque no podemos hacerlo si insistimos en mantener los ojos cerrados a las concesiones que nos impiden lograr una suprema satisfacción sexual y emocional.

Para ayudarte a que abras los ojos a tu propia lucha en pro de la integridad sexual y emocional, te aliento a que realices la siguiente prueba.

¿ESTÁS EN MEDIO DE UNA BATALLA?

Pon una señal en la columna que dice «Sí» o en la que dice «No» para responder las siguientes preguntas:

Sí/No

1. ¿Tener un hombre en tu vida o encontrar esposo es algo que domina tus pensamientos?   _____

2. Si tienes un hombre en tu vida, ¿lo comparas con otros (en el ámbito físico, mental, emocional o espiritual)?   _____

3. ¿Piensas a menudo cómo será tu vida luego de la muerte de tu esposo, preguntándote quién podría ser el «próximo hombre»?   _____

4. ¿Tienes secretos sexuales que no quieres revelar? _____

5. ¿Te sientes un don nadie si no tienes un interés amoroso en tu vida? ¿Crees que una relación romántica te da un sentido de identidad? _____

6. ¿Eres propensa a tener relaciones disfuncionales o problemáticas con los hombres? _____

7. ¿Los hombres te acusan de querer manipularlos o controlarlos? _____

8. Cuando te das cuenta de que un hombre te encuentra atractiva, ¿te hace sentir poderosa o te excita? _____

9. ¿Te cuesta responder a las insinuaciones de tu esposo porque crees que él tendría que satisfacer primero tus necesidades? _____

10. ¿Te parece que mantenerte fiel a una persona en el ámbito emocional y físico es un desafío? _____

11. En general, cuando eliges tu vestimenta por la mañana, ¿piensas en las personas con las que te encontrarás ese día? _____

12. ¿Coqueteas o haces insinuaciones sexuales (incluso sin querer) cuando conversas con alguien atractivo? _____

13. ¿Te molesta el hecho de que tu esposo quiera tener relaciones más a menudo que tú, o quisieras que se masturbara para no tener que actuar sexualmente? _____

14. ¿Tienes que masturbarte cuando te excitas? _____

15. ¿Lees novelas románticas por las fantasías que evocan dentro de ti o porque te excitan? _____

16. ¿Alguna vez has echado mano a las relaciones prematrimoniales o extramatrimoniales para «medicar» tu dolor emocional? _____

17. ¿Hay alguna esfera de tu sexualidad que (1) tu esposo no conozca, (2) no apruebe, o (3) no lo involucre? _____

18. ¿Consumes más tiempo y energía en atender necesidades ajenas a través de la iglesia o de actividades sociales que los que dedicas a atender las necesidades sexuales de tu esposo? _____

19. ¿Usas pornografía, ya sea sola o con un compañero? _____

20. ¿Tienes fantasías acerca de intimar con alguien que no es tu esposo? _____

21. ¿Te cuesta hacer amigas mujeres y mantener una amistad cercana con ellas? _____

22. ¿Hablas con extraños en salas de charla en la Internet? _____

23. ¿Alguna vez te ha resultado difícil concentrarte en tu trabajo, en la escuela o mientras realizas las tareas del hogar debido a pensamientos o sentimientos que tienes acerca de alguien que no es tu esposo? _____

24. ¿Crees que la palabra víctima te describe? _____

25. ¿Evitas tener relaciones en tu matrimonio por la culpa espiritual o la sensación de suciedad que experimentas después? _____

No hay un «número mágico» que determine tu nivel de integridad sexual o emocional. No obstante, si al leer estas preguntas te has dado cuenta de que tu actividad sexual, tu comportamiento romántico o tus relaciones emocionales son un obstáculo para tu crecimiento espiritual o para la intimidad en tu matrimonio, este libro está diseñado para ayudarte a vencer en el campo de tu lucha[1].

Abramos los ojos para entender este regalo de la sexualidad en forma más completa, y para disipar algunos de los mitos que quizá te han mantenido, como a muchas otras mujeres, atrincherada en esta batalla. Los siguientes capítulos te ayudarán a:

1. entender la complejidad de la sexualidad y comprender mejor la excepcional lucha que tienen las mujeres con la integridad emocional (capítulo 2);

2. reconocer los mitos sobre la sexualidad que dominan nuestra cultura y cómo afectan la integridad sexual de la mujer (capítulos 3 y 4);

3. controlar la tendencia a buscar amor en lugares equivocados, ya sea que se trate de una batalla física, mental o emocional para ti (capítulos 5-8);

4. volver a conectarte con tu esposo (o conectarte con tu futuro esposo) a fin de que logres disfrutar de la satisfacción sexual y emocional que Dios quiere para el matrimonio (capítulo 10); y

5. evitar expectativas poco realistas en cuanto a tu esposo actual o futuro y poder conectarte con la única fuente de satisfacción (capítulo 11).

Si te has preguntado por qué te sientes tan lejos de Dios, de tu esposo o de otros, este libro quizá sea la respuesta. Oro para que en estas páginas encuentres esperanza, consuelo y restauración.

Una nueva mirada a la integridad sexual

Yo, el SEÑOR, te he llamado en justicia;
   te he tomado de la mano.
  Yo te formé, yo te constituí
   como pacto para el pueblo,
   como luz para las naciones,
 para abrir los ojos de los ciegos,
   para librar de la cárcel a los presos,
   y del calabozo a los que habitan en tinieblas.

ISAÍAS 42:6-7

En los últimos años, Janet, que tiene unos treinta y cinco años de edad, se ha encontrado muchas veces a almorzar con su viejo amigo Dave, compañero de trabajo en una compañía de arquitectura. Dave está casado, pero no habla mucho de su esposa, lo cual hace que Janet se pregunte si su va a durar su matrimonio. El jefe de Janet y Dave le pidió a su equipo que participara en una conferencia de perfeccionamiento en Miniápolis, pero cuando Janet se dio cuenta de que eran los dos únicos miembros del grupo que podían asistir, comenzó a caminar sobre un campo de minas emocionales. Janet confiesa:

Sin cesar me imagino a Dave y a mí sentados juntos en el avión, provocándonos de forma intelectual como siempre sucede en nuestras conversaciones. Me imagino que su cuarto en el hotel está al final del pasillo y que el mío está al comienzo, así que me acompaña hasta la puerta y, tal vez, decidimos entrar para continuar nuestra conversación. Hablamos hasta tarde en la noche, y luego, como siempre, me abraza para despedirse y siento que vacila al tratar de separarse de mí. Si le atraigo tanto como él a mí, mi miedo (o esperanza) es que esto sea lo que suceda en verdad. Si flaquea, estoy casi segura de que voy a sucumbir a cualquier cosa que él quiera hacer. Ya sé que quizá no tendría que hacer este viaje con todas estas ideas en mi cabeza, pero tampoco puedo concebir la idea de no ir.

¿Cruzó Janet la línea de la integridad sexual?

El secreto de Kelly la ha estado comiendo viva durante unos diez años:

En mi primer año en la universidad, comencé a salir con Sam, que era mayor que yo y tenía mucha más experiencia en lo sexual. Me enloquecí por completo por él y a los pocos meses ya dormíamos juntos. Al cabo de un año, nos fuimos a vivir juntos. Ahí fue cuando encontré por casualidad su enorme selección de vídeos escondidos en el estante más alto de su armario. Me avergüenza decir que en el momento, no me ofendió su colección de pornografía, sino que me dio curiosidad. Comencé a mirar los vídeos con él para ver cómo eran. No pasó mucho tiempo antes de que le pidiera ver determinados vídeos mientras teníamos relaciones. No entiendo por qué, pero los que en verdad me excitaban eran los que incluían un trío (a un muchacho y a dos chicas) o los que solo mostraban a dos mujeres juntas.

Incluso después que Sam y yo nos separamos, le pedí si podía conservar el par de vídeos que más me gustaban. Me masturbaba mirándolos una y otra vez, pero cuando me casé con un cristiano que sabía que no los aprobaría, los tiré a la basura. Eso fue hace años, pero nunca he podido quitar esas imágenes de mi mente. A pesar de que mi esposo es un buen amante, pienso en esas viejas escenas cuando trato de tener un orgasmo solo porque parece ser lo que me da resultados. En la vida real, no quisiera estar jamás con una mujer, así que no entiendo por qué estas fantasías forman una parte tan importante de mi vida sexual. Me temo que si mi esposo se entera, pensaría que se casó con una lesbiana.

¿Cruzó Kelly la línea de la integridad sexual?

Caroline, de unos cuarenta y cinco años de edad, confiesa que la mayor batalla en la vida ha sido no compararse con otras. En el vestidor de mujeres, compara el tamaño de su cintura y de sus caderas, la firmeza de sus pechos y la cantidad de «requesón» que hay en sus muslos con cada mujer que pasa. «Si me estoy cambiando cuando hay una mujer más gruesa, me siento esbelta y poderosamente linda. Aunque apenas entra una flacucha y vuelvo a reaccionar frente a mi imagen en el espejo pienso: "¡Qué asco!"».

Es lamentable, pero esta trampa de comparaciones no solo afecta la autoestima de Caroline, sino que también se ha trasladado a su matrimonio de dieciséis años. Aunque cuando describe su relación dice que está «todo bien», Caroline también admite:

A veces me gustaría que Wendel fuera como alguno de nuestros amigos. Me encanta cómo Bill siempre me hace reír, Wendel no sirve para los chistes. Bob es muy habilidoso con las herramientas y construye unas cosas fantásticas para su casa; Wendel no podría construir una casita para pájaros ni aunque en eso le fuera la vida. Larry es muy atento con su esposa, siempre le lleva flores o la lleva a algún lugar el fin de semana; la idea de Wendel para una cita es sentarse en el mismo cuarto a mirar juntos *La rueda de la fortuna*. Si fuera un poco más entretenido, quizá sentiría más ganas de tener relaciones con él, pero es difícil excitarse cuando se sabe que las cosas no van a mejorar.

¿Cruzó Caroline la línea de la integridad sexual?

Mucha gente diría que Janet, Kelly y Caroline todavía no han cruzado esa línea por la simple razón de que no se han animado a tener relaciones sexuales extramatrimoniales. Sin embargo, no estoy de acuerdo; han cruzado la línea dándose concesiones. Para ayudarte a entender mejor lo que es la integridad sexual y emocional para una mujer, hablemos de «sexualidad de mesa».

LA SEXUALIDAD DE MESA: EQUILIBRIO E INTEGRIDAD

Cuando en los seminarios trato el asunto de la sexualidad de mesa, algunos se ruborizan, ya que suponen que me refiero a una variedad de posiciones sexuales o lugares de la casa para experimentar. Tranquila, esto no es más que una imagen que uso para ayudar a las mujeres a entender el significado de la integridad sexual. Así como una mesa tiene cuatro patas que la sostienen, hay cuatro elementos que componen nuestra sexualidad. Si alguna de las patas falta o está rota, la mesa pierde equilibrio y se transforma en una rampa.

Unos amigos míos descubrieron este concepto en su fiesta de bodas. Luego de la ceremonia, Kevin y Ruth se dirigieron al salón de la fiesta donde los esperaba la hermosa y sobrecargada torta de bodas, la ponchera y los vasos de cristal de cristal, la reluciente vajilla de plata y las servilletas con un monograma recargado sobre una larga mesa llena de puntillas. El único problema fue que la persona que armó la mesa se olvidó de ajustar el seguro de una de las patas plegables que la sostenían. Apenas sirvieron el ponche en el bol de cristal, la pata se torció y todo lo que había en la mesa se deslizó hacia un costado y terminó en el suelo en medio de un gran estruendo. La torta cayó en el medio del charco de ponche y las servilletas se empaparon. Todo el mundo miraba al novio y a la novia, esperando verlos en estado de pánico y horror. Sin embargo, para alegría de todos, ¡Kevin y Ruth comenzaron a desternillarse de la risa!

Sin embargo, cuando una de las «patas» de nuestra sexualidad se dobla, no es para reírse, ya que nuestras vidas quizá se transformen en una pendiente resbaladiza que nos conduzca al descontento, al compromiso sexual, al odio hacia nosotras mismas y al daño emocional. Cuando esto sucede, la bendición que Dios quiso que traiga riqueza y placer a nuestra vida, se transforma en una maldición que nos trae dolor y desesperación.

Como dije antes, nuestra sexualidad se compone de cuatro aspectos diferentes: la dimensión física, la mental, la emocional y la espiritual de nuestro ser. Estas cuatro partes se combinan para formar al individuo único que Dios quiso que fueras. La mayoría de la gente comete el error de suponer que nuestra sexualidad se limita a lo físico, que somos «sexuados» solo cuando tenemos relaciones sexuales. De ninguna manera. Dios diseñó a todos los seres humanos como seres sexuados, ya sea que tengan relaciones o no. El día de tu concepción ya eras un ser sexuado. También eras sexuada cuando vestías a tus muñecas Barbie y cuando lloraste porque por primera vez un muchachito te rompió el corazón. Incluso en este momento eres sexuada, mientras lees este libro.

Por definición, nuestra sexualidad *no tiene que ver con lo que hacemos*. Incluso las personas comprometidas con el celibato son seres sexuados. Nuestra sexualidad *tiene que ver con quiénes somos*, y Dios nos hizo cuerpo, mente, corazón y espíritu, no solo un cuerpo. Por lo tanto, la integridad sexual no tiene que ver solo con la castidad física. Está relacionada con cada uno de los aspectos de nuestro ser (cuerpo, mente, corazón y espíritu). Cuando los cuatro aspectos se alinean en forma perfecta, nuestra «mesa» (nuestra vida) refleja equilibrio e integridad.

PENDIENTES RESBALOSAS NO IDENTIFICADAS

¿En algún período de tu vida te concentraste demasiado en alguno de estos aspectos (físico, mental, emocional o espiritual), y dejaste de lado algún otro? Permíteme explicarte a qué me refiero:

- Nicole, abogada, ha estado investigando durante meses para un gran caso que está litigando y le ha quedado poco tiempo para socializar, hacer ejercicio o para pasar tiempo de calidad con su esposo. (Nicole está sobrealimentando el aspecto mental mientras mata de hambre al emocional y al físico).

- Michelle pasa gran parte del tiempo trabajando como voluntaria en la iglesia, enseñando seminarios bíblicos para mujeres y sirviendo en el grupo de oración, pero muestra poco interés en acostarse con su esposo. (Michelle está sobrealimentando el lado espiritual mientras descuida el físico).

- Ana se masturba con frecuencia y cuando sale con alguien, es común que tenga relaciones sexuales. Debido a esto, la culpa hace que no vaya a la iglesia con regularidad y que no lea la Biblia. (Ana está sobrealimentando el lado físico mientras que mata de hambre al espiritual).

- Teresa compara sin cesar a su esposo con otros hombres. Esta comparación la conduce a fantasear con que estos hombres están interesados en ella y también hace que resista las insinuaciones de su esposo debido a la desilusión que siente. (Teresa está sobrealimentando el lado mental y el emocional con una sensación falsa y fantasiosa de intimidad, que en realidad equivale a descuidarla, así como también descuida el aspecto físico).

Estas mujeres están descontentas y no sienten satisfacción en el ámbito sexual y emocional. Viven una vida desequilibrada y les falta integridad sexual, incluso cuando algunas directamente evitan tener relaciones sexuales. Como verás, del mismo modo que no podemos definir la sexualidad como *algo que hacemos* sino *como algo que somos*, la integridad sexual tampoco se define como «no dormir por ahí» o «dejarse puesta la ropa interior», sino que podríamos decir que se define como un perfecto equilibrio entre las dimensiones física, mental, emocional y espiritual de nuestro ser.

A fin de lograr una satisfacción suprema y experimentar esa estabilidad física, mental, emocional y espiritual que Dios quiso que tengamos, debemos preocuparnos por cada una de las patas de la mesa de acuerdo a su plan perfecto. Si descuidamos alguna de las patas, o la maltratamos o abusamos de ella, el resultado es algún tipo de transigencia sexual o daño emocional. Cuando nos ocupamos de cada pata y la tratamos con rectitud, el resultado es la integridad sexual y la plenitud emocional. Si te preguntas cómo lograr este estado de equilibrio y plenitud, puedes descansar y saber que cuando termines de leer este libro, tendrás las respuestas.

Para la soltera, la integridad sexual significa tratar a toda costa de evitar alimentar cualquier deseo físico, mental, emocional o espiritual por un hombre, si no puede realizarse con rectitud. La soltera tiene que buscar a Dios para satisfacer estas necesidades hasta que tenga un esposo con el cual realizar estas conexiones. No significa que no le interese o que no espere casarse, pero sí que debe hacer todo lo posible por guardar su cuerpo, mente, corazón y espíritu para el hombre con el cual se case.

Para la casada, la integridad sexual significa lograr una íntima conexión física, mental, emocional y espiritual (en todos los aspectos, no solo en algunos) con su esposo y no con algún otro hombre fuera del matrimonio. Cualquier tipo de concesión (física, mental, emocional o espiritual) afecta la integridad sexual en su totalidad. Con el tiempo, una parte infectada afectará a todas las otras, o al menos impedirá que la mujer experimente la plenitud y satisfacción sexual que Dios desea que experimente.

El problema con el que nos encontramos al planear mantenernos puras o fieles en el aspecto sexual en el matrimonio es que solo nos ponemos límites físicos. Rara vez entendemos la progresión emocional en las relaciones, y cuando lo hacemos, ya es demasiado tarde y nos encontramos atrapadas en una aventura del corazón. Debido a que una mujer puede poner en peligro su integridad emocional mucho antes que su cuerpo se torne vulnerable a la tentación, aliento a las mujeres a que se concentren en controlar sus emociones (el tema del capítulo 6). Cuando cuidamos nuestro corazón y lo mantenemos puro y fiel, también protegemos nuestro cuerpo. Sin embargo, muchas de nosotras no lo sabíamos mientras crecíamos. Cuando éramos jóvenes, caminábamos al filo de la navaja cuando salíamos con alguien. El beso en la primera cita era algo que casi esperábamos. Considerábamos que estaba bien permitirle llegar a primera, segunda o incluso tercera «base», mientras que no pudiera decirles a sus amigos que había apuntado un jonrón con nosotras. Aun así, al revés de lo que pensábamos, toda esta actividad sexual en nuestras citas no nos preparó para el verdadero amor, para un compromiso de toda la vida, ni para un matrimonio fiel. En cambio, nos preparó para desear la intensidad y excitación que traen las relaciones nuevas, lo que nos causó descontento una vez que nos casamos y nuestra relación comenzó a envejecer.

Cuando entramos al matrimonio siendo «técnicamente vírgenes» (habiendo experimentado la mayor parte de los placeres sexuales con la excepción del acto sexual en sí), en general nos enfrentamos a tentaciones incontenibles de tener relaciones con otros hombres sin entender por qué. La razón es simplemente que nunca aprendimos a cortar de raíz las tentaciones mientras éramos solteras. Como nunca aprendimos a tener autocontrol sexual de solteras (no solo en lo físico, sino en lo emocional, mental y espiritual), nos resulta extremadamente difícil ejercer control sobre otros factores estresantes como dos hijos, el auto y el pago de la hipoteca. ¡Cuánta decepción nos produce descubrir que el anillo que nos pusieron en el dedo no nos cambió en absoluto!

UN PACTO CON LOS OJOS DE TU CORAZÓN

Si al leer acerca de la sexualidad de mesa y la necesidad de un perfecto equilibrio entre las dimensiones física, mental, emocional y espiritual de nuestro ser te has sentido incómoda o culpable, te aliento a que hagas un pacto parecido al que se menciona en *La batalla de cada hombre*. Luego de leer ese libro, muchos hombres hacen un pacto con sus ojos parecido al que hizo Job cuando dijo: «Yo había convenido con mis ojos no mirar con lujuria a ninguna mujer» (Job 31:1). Aunque la mayoría de las mujeres no miramos con lujuria el cuerpo de un hombre (aunque es cierto que existen excepciones a esta regla), cruzamos la línea de la integridad sexual de otras maneras. Cuando nos involucramos en aventuras emocionales, fantasías mentales y comparaciones poco saludables, cruzamos la línea de integridad sexual y arruinamos el plan de Dios de otorgarnos una satisfacción sexual y emocional suprema con nuestros esposos (actuales o futuros). Necesitamos hacer un pacto con los ojos de nuestro corazón para no mirar a otras personas (reales o imaginarias) en busca de la satisfacción de nuestras necesidades y deseos emocionales, en maneras que comprometan nuestra integridad sexual, ya sea que seamos casadas o solteras.

¿Qué tipo de límites has puesto para proteger tu corazón, mente y espíritu además de tu cuerpo? Si nunca has pensado demasiado en esto, los capítulos 5 al 8 te ayudarán a hacerlo, pero por ahora demos una mirada a la norma de integridad a la cual nos llama Dios.

LEGALISMO CONTRA AMOR

Cuando hablamos acerca de la integridad sexual, muchas mujeres quieren una lista de lo que hay que hacer y lo que no, de lo que se puede y de lo que no se puede, de lo que debo hacer y lo que no. Quieren saber: «¿Qué es lo que sí puedo hacer». «¿Hasta dónde puedo llegar?» «¿Qué es "demasiado lejos"?»

El problema de estas preguntas es que se basan en lo que es aceptable en el ámbito social y cultural, y esto varía de acuerdo al lugar y al tiempo. En nuestra cultura, tener amigos cercanos del sexo opuesto no tiene nada de malo. Sin embargo, en tiempos bíblicos una mujer no podía quitarse el velo del rostro delante de otro que no fuera su esposo. En el mundo occidental, las mujeres a menudo se pasan de la raya para llamar la atención de un hombre. En los países del Oriente Medio, las mujeres caminan varios pasos más atrás que los hombres y tratan de pasar inadvertidas. En la actualidad, las mujeres americanas y europeas quieren saber hasta dónde pueden acortarse la falda, los pantalones cortos o la camisa, pero hasta hace no mucho tiempo el asunto de las sandalias era un escándalo entre los cristianos, ya que mostraban los dedos de los pies. ¿Te imaginas un escándalo por las sandalias en tu iglesia hoy en día?

Por lo tanto, una lista con lo que una mujer íntegra puede y no puede ponerse, lo que debe y no debe decir y demás, no es la respuesta. Lo que necesitamos es un patrón de integridad sexual que resista la prueba del tiempo y que se ajuste a todas las mujeres de cada cultura. Entonces, ¿cómo desarrollamos un conjunto de reglas eternas que lo incluyan todo?

La respuesta no está en el legalismo carente del amor cristiano. Dios condensó toda la plétora de reglas del Antiguo Testamento en diez mandamientos. Luego en el Nuevo Testamento, Jesús redujo todas esas reglas a solo dos. Si podemos aprender a vivir bajo estos dos mandamientos, tendremos una vida de integridad sexual.

Estas dos reglas se explican cuando Jesús responde a la pregunta: «¿Cuál es el gran mandamiento en la ley?».

—"Ama al Señor tu Dios con todo tu corazón, con todo tu ser y con toda tu mente" —le respondió Jesús—. Este es el primero y el más importante de los mandamientos. El segundo se parece a este: "Ama a tu prójimo como a ti mismo". De estos dos mandamientos dependen toda la ley y los profetas. (Mateo 22:37-40)

Lo que Jesús quería decir era que lo que importa no es la ley, sino el amor. Si amamos a Dios, a nuestro prójimo y nos amamos a nosotras mismas (en ese orden), viviremos muy por encima de cualquier conjunto de reglas o normas. Tenemos libertad para vivir fuera de cualquier modelo legalista cuando vivimos guiados por el espíritu del amor. Lo que Pablo dice nos recuerda esta forma de «libertad con responsabilidad» cuando escribe:

«Todo está permitido», pero no todo es provechoso. «Todo está permitido», pero no todo es constructivo. Que nadie busque sus propios intereses sino los del prójimo. (1 Corintios 10:23-24)

Lo que quería decir Pablo es que puedes hacer casi todo, pero no siempre es lo que te conviene o lo que le conviene a los demás. No te concentres en lo que está «permitido», sino en lo que es mejor para todos los involucrados. ¿Cómo aplico esta libertad a la integridad sexual? Elige cualquier asunto y pásalo por este filtro de «ley contra amor»:

- Aunque sea lícito que una mujer casada coquetee con otro hombre, ¿se muestra amor de esta manera? Aunque sea lícito que una mujer soltera coquetee con un hombre casado, ¿se muestra amor de esta manera? (¿Lo va a beneficiar en forma honesta?)

- No hay ninguna ley en contra de la ropa que favorece la figura, ¿pero cuál es nuestra motivación cuando la usamos, edificar a otros o edificar nuestro ego?

PREGUNTAS DE CONCESIÓN *No preguntes*	PREGUNTAS DE INTEGRIDAD *Pregunta*
• ¿Son lícitas mis acciones?	• ¿Son amorosas mis acciones a otros?
• ¿Se enterará alguien?	• ¿Estaré orgullosa de esto?
• ¿Alguien me condenaría?	• ¿Está dentro de mis normas más altas?
• ¿Esto es aceptable en el ámbito social?	• ¿Está de acuerdo con mis convicciones?
• ¿Son mis ropas demasiado reveladoras?	• ¿Me visto para llamar la atención?
• ¿Cómo logro lo que quiero?	• ¿Qué me motiva a desear esto?
• ¿Puedo huir de este comentario?	• ¿Sería mejor que me callara en esto?
• ¿Esto herirá a alguien?	• ¿Esto beneficiará a otros?

Figura 2.2

- En este país tenemos libertad de expresión, ¿pero las palabras que elegimos son las que más le convienen a los hombres con los que hablamos o solo apoyan nuestros intereses personales?

- Cuando pensamos, ¿buscamos lo mejor para los demás o procuramos satisfacer nuestras necesidades disfuncionales y deseos emocionales?

- ¿La atención y el afecto que le expresemos a un hombre lo edificará o hará que tropiece y caiga en tentación?

Debemos mirar más allá de lo que hacemos y analizar las motivaciones que se encuentran detrás de nuestras acciones. Si lo hacemos, ya no tenemos que preocuparnos por la ley porque actuamos de acuerdo con un modelo superior, una norma de amor. La figura 2.2 muestra la diferencia entre evaluar nuestras motivaciones y comportamientos a través de la lente del legalismo y evaluarlas a través de la lente del amor.

Cada uno tiene la responsabilidad delante de Dios por lo que hace. Si queremos alcanzar el premio de la integridad sexual, es probable que tengamos que abandonar algunas de nuestras «libertades» (en la vestimenta, en nuestros pensamientos, en lo que hablamos y en cómo nos comportamos) a fin de actuar de acuerdo con lo que más le conviene a otros por amor. Dios nos proveerá la sabiduría para actuar con integridad y también honrará a los que usen esta sabiduría y actúen con responsabilidad.

LA MUJER DE INTEGRIDAD SEXUAL

Juntemos todas las piezas. Para una mujer cristiana, ser íntegra en lo sexual y lo emocional significa que sus pensamientos, palabras, emociones y acciones tienen que reflejar una belleza interior y un amor sincero hacia Dios, hacia otros y hacia sí misma. Esto no significa que nunca esté tentada a pensar, decir, sentir o hacer algo inapropiado, pero sí quiere decir que intenta con diligencia resistir la tentación y permanecer firme en sus convicciones. No usa a los hombres con la intención de satisfacer sus necesidades emocionales y no entretiene fantasías sexuales o románticas con hombres que no son su esposo. No lo compara con otros hombres, desestimando su valor y negándose a él en ocasiones, como castigo por sus imperfecciones. No se viste para atraer la atención masculina, pero tampoco se limita a un guardarropa de disfraces largos hasta la rodilla. Puede vestirse a la moda y con estilo e incluso estar sexy (al igual que la belleza, la sensualidad depende del cristal con que se mire), pero su motivación no es egoísta ni seductora. Se presenta como una mujer atractiva porque sabe que a los ojos de otros representa a Dios.

La mujer íntegra vive una vida que está de acuerdo con sus creencias cristianas. Vive de acuerdo al modelo del amor y no al de la ley: no dice seguir a Cristo y a la vez desestima todas sus enseñanzas en cuanto a la inmoralidad sexual, los pensamientos lujuriosos, la vestimenta impúdica y las conversaciones inapropiadas. La mujer íntegra vive lo que cree acerca de Dios y lo muestra en todos lados, desde la sala de juntas hasta el dormitorio.

Si estás lista para descubrir más acerca de cómo puedes reclamar el premio de la integridad sexual, sigue leyendo mientras descartamos algunos de los mitos más populares que mantienen a muchas mujeres atrincheradas en esta batalla.

Así que yo no corro como quien no tiene meta; no lucho como [una mujer que] da golpes al aire. Más bien, golpeo mi cuerpo [y mi mente] y lo domino, no sea que, después de haber predicado a otros, yo [misma] quede descalificado.

1 Corintios 9:26-27

Siete mitos que intensifican nuestra lucha

Vale más la sabiduría que las armas de guerra.

ECLESIASTÉS 9:18

Durante los trece años en los que he hablado y aconsejado a mujeres acerca de asuntos sexuales, he descubierto siete mitos populares que creo que traen confusión y hacen de la integridad sexual un desafío de marca mayor. Aunque es probable que a primera vista te parezca que no admites ninguna idea errada en particular, te aliento a que, de todas maneras, leas al respecto. En general somos conscientes de lo que creemos con respecto a las cosas que hemos experimentado, pero no estamos seguras en cuanto a las cosas o sentimientos que todavía no hemos experimentado. Si entendemos estos mitos y las mentiras en que se basan, tendremos una defensa más fuerte en el momento de la tentación en alguna de estas esferas.

MITO 1

No hay nada malo en que me compare a mí o a mi esposo con otra persona.

A pesar de que es sabido que las mujeres a menudo se comparan con otras y que comparan a sus esposos con otros hombres, quizá te preguntes: «¿Qué tiene que ver esto con la integridad sexual y emocional?». Para responder a esta pregunta, volvamos a nuestra definición de la mujer íntegra: Sus pensamientos, palabras, emociones y acciones reflejan una belleza interior y un sincero amor hacia Dios, hacia otros y hacia sí misma. Cuando nos comparamos, ponemos a una persona por encima de la otra. Algunas veces terminamos en la cima (lo cual produce orgullo y vanidad en nuestra vida), y otras veces no llegamos ni a los talones del otro (lo cual produce sentimientos de desilusión por lo que Dios nos dio). Sin importar en qué posición quedemos cuando hacemos estas comparaciones, nuestras motivaciones son siempre egoístas y pecaminosas en vez de estar basadas en el amor.

Seamos sinceras, cuando nos comparamos con una mujer más gorda que vemos en el pasillo de las galletas del supermercado, es probable que bailemos a lo largo del estacionamiento con nuestras provisiones en las manos y la sensación de que somos fantásticas y esbeltas. Nos sentimos atractivas, incluso poderosas. Si la obsesión con nuestro cuerpo continúa, es probable que hasta le abramos la puerta a otras tentaciones. Tal vez experimentemos la necesidad de probar que somos más atractivas que otras mujeres. Algunas han llevado esto al extremo de acostarse con el esposo de su mejor amiga. ¿Cómo sucede algo semejante? Todo comienza en una mente obsesionada por la comparación.

Quizá nos encontremos en un escenario del todo opuesto: Caminamos por la sección de productos agrícolas y vemos a la profesora de ballet del barrio apretando los tomates orgánicos. Miramos sus pechos vivaces y su trasero firme y nos sentimos como una sandía pasada de madura. Nos vemos enormes y descuidadas, impotentes por completo. Nos preguntamos a quién se le ocurriría estar con nosotras. Este tipo de sentimiento puede llevarnos a caer víctimas de la seducción. Cuando nos concentramos tanto en la apariencia, nuestra autoestima puede bajar a un punto tal que si un hombre se fija en nosotras, nos sorprendemos con placer y nos transformamos en misiles en busca de aceptación y seguridad. Comenzamos a estar tan sedientas de aprobación masculina que los halagos y la atención son capaces de manipularnos.

Cuando nos sentimos intimidadas por algunas mujeres o superiores a otras, no solo podemos involucrarnos en relaciones que no son saludables, sino que también nos perdemos algo que todas necesitamos con desesperación: intimidad con nuestras hermanas. Ya sea que estemos solteras o casadas, ellas nos mantienen conectadas al amor de Dios de una manera que un novio o esposo no puede ni podrá. Si dejáramos de competir y comenzáramos a conectarnos con otras mujeres, esta batalla de integridad sexual y emocional no sería tan abrumadora. La conexión que mantenemos a través de amistades saludables y afectuosas logra ayudarnos a no acostarnos con el próximo hombre que conozcamos ni a saciar nuestros anhelos de satisfacción emocional.

Además de compararnos con otras mujeres, algunas comparamos a nuestros esposos con otros hombres. Aquí tenemos algunos ejemplos de declaraciones que he escuchado de boca de mujeres que han caído en esta trampa:

• «¡Quisiera que a mi esposo la vejez lo favoreciera como a Sean Connery!»

• «Ya sabes, mi esposo no le llega a los talones a un científico nuclear ni a un neurocirujano».

• «Mi esposo no satisface mis necesidades emocionales como lo hace mi compañero de trabajo».

• «¡Tienes tanta suerte de tener un esposo que te acompañe a la iglesia todos los domingos!»

Cuando las mujeres comparan a sus esposos con otros hombres, juegan con una amenaza parecida a la de los hombres cuando miran con lujuria a otra mujer. Ya sea que la comparación sea física, mental, emocional o espiritual, no respetamos la singularidad de nuestro esposo y además debilitamos nuestro matrimonio y nuestra integridad emocional. Las comparaciones pueden llevar a las mujeres a pensar: *¿Por qué mi esposo tiene que ser así? ¿Por qué no puede ser más como este o como aquel?*

A veces una mujer quizá llegue a caer más profundo en esta trampa entreteniendo cada vez más los pensamientos acerca de tal o cual persona hasta que su mundo de fantasías se convierte en uno al que escapa para sentirse más valorada y amada. En su vida de fantasía se merece alguien más apuesto, más inteligente y atento en lo emocional o más espiritual que lo que tiene en realidad. Como mínimo, cuando las comparaciones de una mujer aumentan cualquier tipo de desilusión o decepción que siente hacia su esposo, pueden impedir que él la excite en lo sexual o emocional. Estas comparaciones hacen que la pasión por su esposo, que en un tiempo fue brillante, se vaya desvaneciendo hasta transformarse en una simple tolerancia mientras se olvida del hombre maravilloso del que se enamoró.

Seamos sinceras, siempre habrá alguien más atractivo, inteligente, sensible o espiritual que nuestro esposo, así como siempre habrá mujeres que sean más delgadas, inteligentes, ingeniosas o santas que nosotras. Si a la hora de adjudicarle valor a las personas que amamos y de valorarnos a nosotras mismas usamos a «otros» como la vara de medir, hacemos justo lo que nos advirtió Pablo en 2 Corintios 10:12: «Al medirse con su propia medida y compararse unos con otros, no saben lo que hacen». Sin embargo, Dios nos da la gracia para aceptar a nuestros esposos y aceptarnos a nosotras mismas como somos en realidad, y nos da la capacidad de amarnos sin condiciones ni reservas.

Si anhelamos una verdadera intimidad, debemos aprender a buscarla solo en este tipo de relación inundada de gracia. La palabra *intimidad* se puede definir mejor si pensamos que hace referencia a lo más interior, lo más interno. ¿Vemos el interior del otro y respetamos, apreciamos y valoramos lo que en realidad hay dentro, sin que nos importe el valor que otros le adjudiquen? Eso es la intimidad relacional, y este tipo de intimidad solo la descubren las personas que buscan integridad sexual y emocional con todo su cuerpo y toda su mente, con todo su corazón y toda su alma.

MITO 2

Soy lo bastante madura como para mirar cualquier película o programa de televisión, leer cualquier libro, escuchar cualquier tipo de música o navegar en cualquier sitio Web sin que esto me afecte en forma negativa.

La mayoría de nosotras perdemos la sensibilidad frente a lo que vemos o escuchamos. Lo he demostrado a través de un experimento que realizo cuando enseño sobre la sexualidad en retiros de fin de semana para jóvenes. Una vez, grabé dos horas de programas de televisión de mayor audiencia como *Friends* y *Seinfeld*, luego edité el casete hasta obtener un fragmento de doce minutos que solo incluía las insinuaciones sexuales (cualquier cosa visual o auditiva relacionada con una conducta sexual inapropiada). Cuando muestro este fragmento de vídeo, desafío a la audiencia a que durante los doce minutos, cuenten la cantidad de mensajes sexuales que oyen o ven, dándome una señal (les pido que se pongan el pulgar en la nariz) para indicar que reconocen cada mensaje.

Todas las veces que realizo este experimento, me sorprende ver cómo se repite exactamente lo mismo. Captan quizá las primeras tres o cuatro insinuaciones, pero luego quedan tan absortos con las escenas graciosas que se olvidan de darme la señal o de contar. Al final de los doce minutos les pregunto: «¿Cuántos contaron?». ¿Quieren saber cuál es la respuesta promedio? Entre once y doce. ¿Y cuál es el verdadero número de insinuaciones visuales o verbales? Cuarenta y una.

Incluso los adultos que se encuentran en la sala, por lo general no reconocen más de cincuenta por ciento de las insinuaciones porque están acostumbrados a este humor burdo. Como sociedad, los mensajes sexuales nos han ido insensibilizando de tal manera que a menudo desenroscamos nuestra cabeza, la apoyamos en el sillón reclinable marca *Vagancia* y permitimos de manera tolerante que la televisión llene nuestra mente de guiones mundanos.

Una vez que esta se corrompe, nuestro corazón memoriza estos guiones que se filtran a nuestra vida.

Jesús les enseñó a sus discípulos este principio en el Evangelio de Lucas cuando dijo: «[La mujer] que es [buena], de la bondad que atesora en el corazón produce el bien; pero [la] que es [mala], de su maldad produce el mal, porque de lo que abunda en el corazón habla la boca» (6:45).

Todo lo que dejamos entrar a nuestra mente se archiva en nuestro corazón y este es el que determina la dirección y las decisiones que tomaremos en el futuro cuando nos enfrentemos a la tentación. Si tu mente está llena de imágenes acompañadas de comentarios y situaciones sexualmente comprometedoras, también perderás la sensibilidad en escenarios similares de tu vida.

Una buena regla general es no mirar jamás una película, programa de televisión o leer un libro si no quieres que otros se enteren. Si tienes que mantenerlo en secreto, es probable que intensifique tu batalla de integridad sexual y arruine tu plena satisfacción.

También debieras tener cuidado con la forma en que usas la Internet. Doy gracias por haber llegado a un lugar de integridad sexual y emocional antes de los días del correo electrónico y las salas de charla. Muchísimas mujeres me cuentan cómo la *World Wide Web* las arrastró a vivir una pesadilla al perder la cabeza por hombres que al principio parecían ser el príncipe azul, pero luego resultaron ser sapos con cientos de verrugas.

¿Qué convierte a las salas de charla en lugares tan atractivos para las mujeres? Aquí están algunas de las respuestas que he recibido, junto con mi refutación:

- *Es excitante tener una relación íntima con un extraño.* ¿Desde cuándo sentarse en un escritorio a mecanografiar algo es *íntimo*? Además, cualquiera puede excitarse con un extraño. Todo lo que comparten es nuevo, pero enterarse de cosas acerca de un extraño no es sinónimo de intimidad. La intimidad es ver lo que hay dentro de la otra persona (lo cual solo se descubre cara a cara después de largos períodos como el que experimentas en el matrimonio). Ten cuidado de no confundir *intensidad* con *intimidad.* La intensidad se desvanece cuando se termina lo nuevo, pero la intimidad florece a medida que conoces a una persona.

- *Cuando me conecto, puedo ser la persona que yo quiero.* ¿Para qué vas a perder el tiempo siendo alguien que no eres? Podrías usar este tiempo para transformarte en la persona que Dios quiere que seas. Además, si no eres tú misma, ¿cómo te conformarías con lo que este hombre siente por ti? Ni siquiera puedes estar segura de que te conoce. También recuerda que él puede ser la persona que se le ocurra. ¡Es posible que actúe como Regis Philbin, pero que resulte ser como Jack el Destripador!

- *Me gusta que a alguien le interese conocerme sin importarle mi apariencia.* Claro, pero ni se te cruce por la cabeza la idea de que con el tiempo no le va a interesar conocer tu apariencia física. ¿Y qué harás entonces? ¿Para qué llegar a esto? No te dejes atrapar.

- *Me gusta conversar con un hombre sin que haya expectativas de que suceda algo en el ámbito físico.* Es probable que no quieras llevar las cosas a un nivel físico ahora, pero después que te hayas tragado cada palabra que él te ha hecho creer con respecto a sí mismo y que le hayas contado todo lo que hay en tu corazón, querrás ir más allá de lo emocional. Recuerda, las mujeres son vasijas de barro a las que les encanta hervir a fuego lento en el ámbito emocional, pero una vez que hemos tenido tiempo para entibiarnos, ¡nos *calentamos*! Para evitar quemarte, sugiero que hagas amistad solo con personas de la vida real (no con virtuales).

MITO 3

Si fantaseo con otro hombre cuando tengo relaciones con mi esposo, no le hago mal a nadie.

Así como la esposa tiene derecho a ofenderse si su esposo tiene ojos errantes, el hombre tiene derecho a ofenderse si su esposa tiene una mente errante. Es probable que para las mujeres, el orgasmo sea diez por ciento físico y noventa por ciento mental. Si tu esposo intenta complacerte, puede despedirse de la idea si tu mente está a millones de kilómetros de distancia, digamos, en la lista de compras del supermercado. La mujer tiene que concentrarse mentalmente en la experiencia sexual para obtener el mayor placer posible.

Es lamentable, pero algunas mujeres solo se concentran en cosas indebidas durante estos momentos de pasión. Albergan fantasías con otra persona. Se ubican en medio del libreto de una novela romántica que están leyendo. Comienzan a recordar viejos amantes, viejas escenas gráficas a las que se expusieron a través de novelas románticas, pornografía o imágenes del último ídolo de Hollywood. Este tipo de imágenes nos roban la intimidad que tanto anhelamos. Cuando fantaseas con otra persona mientras haces el amor con tu esposo, estás haciendo el amor con otro hombre en tu mente. *Él* es la persona por la que sientes pasión, no tu esposo. *Él* es la persona a la que te sientes emocionalmente cercana, no tu esposo.

La relación sexual entre esposos se creó para que fuera la relación más íntima de este lado del cielo y puede ser muchísimo más satisfactoria que cualquier fantasía imaginable. Es irónico, pero muchas de las mujeres que me cuentan que piensan en otro hombre mientras hacen el amor con sus esposos también me cuentan que se sienten culpables, vacías, insatisfechas y confundidas.

Aunque las fantasías son normales y saludables, tienen que limitarse a tu cónyuge. Está bien imaginar que te trae flores o que te prepara una cena a la luz de las velas o te frota loción en la espalda. Está bien imaginarte que se duchan juntos o que disfrutan de una relación sexual sensacional en una desierta isla tropical, ¡siempre y cuando sea con tu esposo! Si compartes estas fantasías apropiadas con tu esposo, puedes añadir pasión y chispa a tu relación. Sin embargo, cuando fantaseas con otra persona, le eres infiel a tu esposo en el plano mental y emocional. Incluso si logras convencerte de que nunca actuarías sobre la base de las fantasías que incluyen a alguien fuera de tu matrimonio, recuerda que Dios mira el corazón (1 Samuel 16:7), y que se le parte el corazón cuando el tuyo está dividido, aunque solo sea en el ámbito de las fantasías.

MITO 4

Pensar en qué tipo de hombre me gustaría tener si mi esposo muriera no es algo para hacer tanto escándalo, ¡siempre y cuando no esté haciendo un complot para matarlo!

«Me pregunto si se morirá primero, así tengo una oportunidad de tener un futuro más feliz». Me sorprende la cantidad de mujeres que confiesan sus cavilaciones con respecto a esta posibilidad. Mientras que algunas se horrorizan y dicen que jamás pensarían tal cosa, otras se ríen. Samanta pertenece al último grupo y confiesa que casi siempre tiene la misma conversación mental cuando a su esposo se le hace tarde en la oficina. Explica:

Por lo general, cuando estoy en la cocina preparando la cena a eso de las seis de la tarde, miro a cada momento el reloj, esperando que Frank entre en cualquier momento. Es tan puntual que puedo prever el minuto en el que entra y huele lo que estoy cocinando. También es muy considerado y siempre llama cuando se le hace tarde. Sin embargo, debo confesar que a veces me pregunto qué sucede cuando llegan las seis y cinco, me preocupo cuando llegan las seis y diez, y a las seis y quince estoy como loca. Mientras sigo cocinando, me pasan por la mente todo tipo de ideas: *Seguro que hubo un accidente automovilístico. ¿Y si está muerto? En cualquier momento aparece un policía a traerme sus pertenencias. ¿Cómo se lo digo a los niños? ¿Seré fuerte para que se apoyen en mí? ¿Qué flores voy a poner en el ataúd? A él siempre le gustaron los lirios amarillos. Ah, y voy a contratar al solista para que cante su himno preferido: «Cuán grande es Él». ¿Lograré mantener el balance de las cuentas yo sola? ¿Recordaré cambiar el aceite del auto? Me pregunto: ¿cuánto vale su seguro de vida? ¿Cuánto tiempo pasará hasta que comience a salir con hombres otra vez? Y cuando lo haga, ¿con quién saldría? Con Dan. Ah, me encanta Dan. No sé cómo no lo han enganchado todavía. ¡Es tan ingenioso y encantador! ¡Y es un hombre de Dios! Sería un padrastro fantástico para los chicos. Estoy segura que llegarían a quererlo tanto como yo. Sin duda, va a ser difícil superar la muerte de Frank, pero creo que todo saldrá bien...*

De repente, la puerta se abre y entra Frank con cara avergonzada. «Perdona la tardanza, mi amor. Tuve que pasar por la ferretería y no tenía el celular conmigo».

Yo le contesto (escondiendo una pizca de decepción): «No, está bien, querido. Estaba terminando de preparar la cena».

Quizá te causen risa las payasadas de Samanta, pero pregúntate: «¿Me parece conocido?». Tal vez te encuentres entre las que experimentan este tipo de gimnasia mental en la que te preguntas: *¿Mi próximo esposo será más atento? ¿Será más divertido? ¿Más estable en lo financiero? ¿Más espiritual? ¿Le interesará más mi placer sexual?* ¿Te entusiasmas cuando dejas que tu mente divague en esta dirección?

Aunque es normal pensar qué harías si tu esposo llegara a morir antes que tú, lo que cruza la línea de la integridad sexual y emocional es pasar mentalmente al siguiente esposo y albergar pensamientos acerca de un futuro más satisfactorio después de su muerte. Te recomiendo que disciernas el porqué de la dirección de tus pensamientos. Si alguno de los siguientes puntos te parece dolorosamente conocido, es probable que estés comprometiendo tu integridad sexual al punto de dañarte muy en serio y de dañar tu relación matrimonial.

- Orgullo: *Merezco algo mejor.*
- Rechazo: *Quizá el próximo me valore más que este.*
- Lujuria: *Espero que el próximo sea más sexy.*
- Egoísmo: *Voy a poder disfrutar un poco más sin tener que servirlo todo el tiempo.*
- Pereza: *Estoy cansada de intentar comunicarme con él. Es más duro que una pared. Tendré que resignarme al hecho de que nunca va a satisfacer mis necesidades y esperar que mi próximo esposo me entienda mejor.*

Si debido a la desdicha que experimentas en tu matrimonio sueñas con el que será tu próximo esposo cuando el tuyo muera, ya estás advertida. Es probable que tropieces con los mismos desencantos y problemas si vuelves a casarte. Sin importar lo maravilloso que pueda ser «el próximo» si alguna vez enviudas (o te divorcias), recuerda que en estos múltiples matrimonios hay un común denominador: tú. Si no puedes conquistar el orgullo, los sentimientos de rechazo, la lujuria, el egoísmo y la pereza en tu relación actual y comunicar tus necesidades de manera que inspires a tu esposo a llenar tu cuenta bancaria emocional, no te quepa duda de que otro hombre no va a ser el remedio.

Apuesta todo a un solo número. Invierte en la relación que tienes. Concéntrate en tu matrimonio con todo tu corazón, como si no existiera otro hombre. Da por sentado que tu esposo es el hombre con el que envejecerás. Tu esposo es el regalo de Dios para ti. Desenvuelve el regalo y disfrútalo mientras lo tengas.

MITO 5

La masturbación no me hace daño, no daña la relación con mi esposo (actual o futuro), ni mi relación con Dios.

Si una mujer casada se masturba sin que su esposo lo sepa, o si una mujer soltera se masturba pensando en alguien que no es su esposo, creo que este comportamiento destruye su integridad e incluso impide que se satisfaga a plenitud en el ámbito sexual y emocional.

Muchas mujeres solteras me cuentan que no puedo esperar que no se masturben. Dicen cosas como: «Necesito un alivio sexual y si no puedo tener relaciones, tengo que masturbarme». Se crea o no, nadie se ha muerto por no tener un orgasmo. Por los informes que recibo de mujeres, es probable que el alivio momentáneo que quizá provea la masturbación no tenga valor al lado del estrés que a largo plazo genera este hábito. Denise me contó:

A veces me masturbo antes de salir con un chico para no caer en tentaciones sexuales. Aun así, después pienso en lo insatisfecha que quedo y en lo solitaria que me siento al no participar otra persona. En general, me rindo y tengo relaciones porque la experiencia de la masturbación me deja desilusionada. Luego me siento culpable por las dos cosas. En realidad, quisiera tener más dominio propio.

La masturbación daña a Denise. Para lo único que sirve es para encender su vida sexual, en lugar de apaciguarla. Es probable que incluso se imagine que tiene relaciones con el muchacho con el que va a salir. Cuando pensamos en hacer algo y lo pasamos por nuestra mente una y otra vez, se hace mucho más fácil que luego lo hagamos con nuestro cuerpo. Si una mujer no logra controlarse cuando está sola, ¿qué esperanza tiene de poder resistir cuando algún hombre de mucha labia comience a susurrarle palabras amorosas al oído?

Además, no es posible satisfacer la lujuria; una vez que empiezas a alimentar monstruos bebés, su apetito crece y quieren *más*. Es mejor si nunca los alimentas. Como dice una amiga mía: «Si no te conoce, no llamará a tu puerta». Una vez que el pecado de la masturbación conoce tu nombre, te llamará... y llamará... y llamará.

Heather nos envió un correo electrónico que dice:

Cuando estaba en sexto grado, una amiga se quedó en casa a dormir y nos bañamos juntas. Me mostró cómo masturbarme y desde entonces lo he hecho con regularidad. Siento que no puedo controlarme, ¡y esto me trae mucha culpa! Lucho con pensamientos sexuales e incluso me excito ante la sola idea de masturbarme. ¡He llevado este problema delante del Señor tantas veces! ¿Qué puedo hacer? Es algo que me hace sentir muy sucia e inferior, pero incluso sabiendo todo esto no logro detenerme.

La única manera de matar un mal hábito es hacer que muera de hambre. Matarlo de hambre puede llegar a ser doloroso, pero no tanto como dejar que te domine. Por eso Pedro nos advirtió: «Queridos hermanos, les ruego como a extranjeros y peregrinos en este mundo, que se aparten de los deseos pecaminosos que combaten contra la vida» (1 Pedro 2:11).

Muchas mujeres casadas no pueden dejar la adicción a la masturbación incluso cuando tienen la libertad de expresarse sexualmente con su compañero. No ven lo que el hábito le hace al matrimonio. Con todo, piénsalo. Entrenas tanto tu cuerpo como tu mente para que sepan qué te produce placer y cómo llegar al orgasmo, y la masturbación entrena a la mujer a «ejecutar un solo». Esto puede traer problemas ya que es probable que tu esposo no sepa cómo satisfacerte de la misma manera, y esto quizá haga que tu vida sexual en el matrimonio sea frustrante y decepcionante para los dos. La mayoría de los esposos disfrutan y sienten placer cuando pueden conducir a sus esposas al orgasmo. Si en general llegas al orgasmo por medio de la masturbación, tal vez le robes a tu esposo este placer, insistiendo que te permita «ayudarlo». Si no logras imaginar cómo se sentirá tu esposo en esta circunstancia, imagínate cómo te sentirías si estuvieran haciendo el amor y en un momento él dijera: «Gracias, cariño, deja que yo me encargue ahora». ¿Te sentirías rechazada? ¿Te preguntarías cuál es el problema contigo o qué es lo que haces mal? Él sentirá justo lo mismo si tienes que masturbarte para lograr un orgasmo.

Incluso si el toque de tu esposo puede llevarte al orgasmo sin tener que masturbarte, si tienes el hábito de fantasear acerca de alguien o algo para «llegar allí» (semejante a lo que se requiere en el ámbito mental cuando te masturbas), pierdes la oportunidad de tener una genuina intimidad sexual con tu esposo. Quinn admite:

> Cuando me casé, nuestra vida sexual me desilusionó. Esperaba que mi esposo tuviera el mismo toque mágico que yo tenía, pero él es más brusco y agresivo de lo que estoy acostumbrada. He intentado enseñarle lo que me gusta, pero una noche, luego de intentar entrenarlo, me dijo con respeto: «¿Por qué no lo haces tú misma si no te gusta como lo hago y listo?». Por un lado fue un alivio y al fin pude hacer lo que me hacía sentir bien, pero por otro lado sé que el hecho de que no me excita tanto su toque como el mío debe haber sido un golpe para su ego.

A menudo, las mujeres que quieren dejar de masturbarse (ya sea por razones de integridad siendo solteras o por intimidad relacional si están casadas) descubren que, en lugar de controlar sus deseos, sus deseos las controlan. Se dan cuenta de que se masturban de forma compulsiva y que no pueden parar aunque sean conscientes de que es un hábito insano. Stephen Arterburn explica en su libro *Cuando el sexo se vuelve una adicción* cómo la gratificación propia se vuelve autodestructiva:

> La masturbación compulsiva, basada en fantasía y pornografía es un escape rápido de la intimidad. El masturbador compulsivo no tiene la capacidad para desarrollar las habilidades de establecer una intimidad genuina. La actividad sexual se convierte en un proceso unilateral de satisfacción de sus propios deseos. El adicto prefiere masturbarse que tomarse el tiempo para cultivar una relación.
>
> Esperar que el matrimonio elimine la necesidad de masturbarse no produce ningún resultado, y el adicto

pronto descubre que la intimidad sexual es demasiado problemática y regresa a su compulsión.

Todos necesitamos que nos cuiden, que nos amen, necesitamos amar a alguien, pero el amor es riesgoso. En el amor está la posibilidad del rechazo y la desilusión. A la persona que se masturba le parece más fácil volver a la gratificación propia. Lo que para muchos es un hábito inofensivo, se transforma en una trampa que bloquea a otros y fuerza al adicto a sufrir solo[1].

El argumento más popular a favor de la gratificación propia es: «La Biblia no lo prohíbe de forma explícita». Seamos sinceros, cuando las mujeres se masturban, sus pensamientos no son puros, y la Biblia es muy clara al respecto (lee Filipenses 4:8). Cuando entramos en la gratificación propia, no albergamos pensamientos puros, dignos de alabanza ni de virtud alguna. Cuando una mujer se masturba, fantasea con otra persona o con un lugar, hay algún ritual que pasa por su mente para llegar al orgasmo. Estos pensamientos son hediondos para Dios.

Por tanto, hagan morir todo lo que es propio de la naturaleza terrenal: inmoralidad sexual, impureza, bajas pasiones, malos deseos y avaricia, la cual es idolatría. Por estas cosas viene el castigo de Dios. (Colosenses 3:5-6)

La voluntad de Dios es que sean [santificadas]; que se aparten de la inmoralidad sexual; que cada [una] aprenda a controlar su propio cuerpo de una manera santa y honrosa, sin dejarse llevar por los malos deseos como hacen los paganos, que no conocen a Dios. (1 Tesalonicenses 4:3-5)

La Escritura también dice que aunque algunas cosas nos son permitidas, no son provechosas (1 Corintios 10:23). La masturbación te esclaviza y te mantiene en cautiverio. Creo que esta es razón suficiente para abstenerse de la práctica sin dar más vueltas.

Por último, la masturbación es una respuesta muy orgullosa a nuestros deseos humanos. Estas acciones le dicen a Dios: «No puedes satisfacerme y tu Espíritu Santo no es lo bastante fuerte como para controlarme. Debo hacerme cargo de mis deseos físicos». ¿Percibes el orgullo en esta actitud? ¿Sientes el rechazo a la soberanía de Dios y a su habilidad para ayudarte en tiempos de necesidad?

Dios hizo cada fibra y nervio de nuestro cuerpo, así que Él también puede satisfacer cada fibra y cada nervio. Sabe mejor que tú cómo te sientes y qué necesitas. Sabe qué te satisfará de verdad y no es un orgasmo, menos aun si es a través de la masturbación y los pensamientos impuros. Quizá te haga sentir bien en el momento, pero no trae una satisfacción duradera. Estas cosas solo pueden encontrarse en una relación. Dios quiere tener una relación cercana e íntima contigo. Una vez que le permites que te pruebe lo que puede hacer en esta esfera, entenderás que la gratificación propia en realidad nunca fue gratificante en absoluto. Esforzarte por alcanzar la gratificación de Dios en lugar de la gratificación propia te dará la seguridad de que tu cuerpo, mente, corazón y espíritu permanecen en pureza.

¿Quién puede subir al monte del SEÑOR?
¿Quién puede estar en su lugar santo?
Solo [la] de manos limpias y corazón puro,
[la] que no adora ídolos vanos
ni jura por dioses falsos. (Salmo 24:3-4)

MITO 6

Debido que me siento tentada en lo sexual, ya debo ser culpable, ¿entonces para qué molestarme en resistir?

La estrategia preferida de Satanás para convencer a las mujeres a que crucen la línea entre la tentación y el pecado es la falsa culpa. Si estás en la trinchera de la batalla por la integridad sexual, es probable que estos pensamientos hayan dado vueltas en tu cabeza hasta no poder pensar con claridad:

- *¡No puedes negar que lo deseas! ¡Puedes también ir tras él!*
- *Ya sabes que nunca lograrás serle fiel a un solo hombre.*
- *Ya llegaste hasta aquí, ¿qué más da avanzar un paso más?*
- *¡Te has imaginado este momento durante meses! ¡No te eches atrás ahora!*
- *Si quieres conservarlo, ¡vas a tener que darle lo que quiere!*

Estas mentiras no son ninguna evidencia de que ya eres culpable, son tentaciones del enemigo. A esto le llamo falsa culpa porque la tentación en sí misma *no* es pecado. No hay razón para sentirse culpable cuando se está en medio de una tentación. Si no me crees, quizá le creas al escritor de Hebreos cuando dice:

> Porque no tenemos un sumo sacerdote incapaz de compadecerse de nuestras debilidades, sino uno que ha sido tentado en todo de la misma manera que nosotros, aunque sin pecado. Así que acerquémonos confiadamente al trono de la gracia para recibir misericordia y hallar la gracia que nos ayude en el momento que más la necesitemos. (Hebreos 4:15-16)

¿Entendiste? ¡A Jesús mismo lo tentaron en todo! «¿Incluso en lo sexual?» ¿Por qué no? Era un hombre en todo el sentido de la palabra. Hermosas mujeres lo seguían y se ocupaban con su propio dinero de que no pasara necesidad. Ministraba a mujeres a las que les hubiera encantado que Jesús las tuviera entre sus brazos. El escritor no dijo: «Ha sido tentado en todo excepto en lo sexual». Era bien humano y experimentó todas las tentaciones humanas. Nos dejó el ejemplo de que el hecho de ser tentados no significa que tengamos que rendirnos a la tentación y convertirnos en esclavos de nuestras pasiones.

Sin embargo, las mujeres en general cometen el error de creer que solo por sentirse atraídas a alguien, caerán de forma inevitable en una relación con esa persona, sin importar lo inapropiado que sea. Como verás en el capítulo 6, las mujeres pueden trazar una línea entre la atracción y la actuación sobre la base de esa atracción. Es normal sentirse atraída hacia muchas personas. Es normal *encariñarse* con muchas personas. Recuerda que el amor no es un sentimiento, sino un compromiso. No rompes el compromiso con tu esposo si te sientes tentada a buscar satisfacción fuera del matrimonio, pero sí lo haces cuando te permites desviarte y permanecer allí ya sea en forma mental, emocional o física.

MITO 7

Nadie llegaría a entender del todo mi lucha.

Creo que este mito existe porque en general las mujeres no hablan de su vida sexual con otras mujeres, o quizá porque tengan miedo de que las juzguen. Es lamentable, pero a menudo estos temores se confirman en la infancia cuando le confías un secreto a una compañera de la escuela y ella se lo cuenta a dos amigas, o peor aun, le cuenta con lujo de detalles tu confesión al muchachito que te gusta. Este tipo de experiencias nos enseñan que debemos esconder de otras mujeres nuestros secretos más profundos y oscuros.

Algunas de nosotras nos llevábamos mejor con los varones cuando éramos pequeñas porque teníamos la firme convicción de que no se podía confiar en las muchachas. Muchas de nosotras nos tuvimos que dar la cabeza contra la pared para entender que confiar en un joven podía llegar a ser incluso más peligroso que confiar en una amiga. Lo único que puede llegar a hacer una amiga es traicionar tu confianza. Un muchacho puede aprovecharse de tu vulnerabilidad y hacerte su próxima víctima si no estás parada firme en tus convicciones.

Otra razón por la que las mujeres no son muy francas en lo que respecta a sus luchas sexuales es la humillación que produce dar relación sexual a cambio de amor. La mayoría de las mujeres no alardea acerca del número de compañeros sexuales que ha tenido. Esto se debe a que para una mujer, la relación es el premio; la relación sexual fue el simple precio que tuvo que pagar para obtener el premio. Si paga el precio y no obtiene el premio, se siente humillada hasta lo indecible. ¿Qué mujer quiere gritar a los cuatro vientos su humillación?

Quizá si supiéramos lo común que son estas luchas para las mujeres, lograríamos quitar el estigma que representa enfrentar estos «problemas». De acuerdo con el doctor Tim Clinton, presidente de la *American Association of Christian Counselors* [Asociación Estadounidense de Consejeros Cristianos], sesenta y siete por ciento de las mujeres experimenta por lo menos una o más aventuras prematrimoniales o extramatrimoniales en su vida[2]. Este es el número de mujeres que *cae* en la tentación. Creo que el porcentaje es mucho más alto (supongo que alrededor de noventa por ciento) si consideramos las mujeres que solo experimentan la tentación de tener una aventura prematrimonial o extramatrimonial.

Pablo nos dice en 1 Corintios 10:13: «Ustedes no han sufrido ninguna tentación que no sea común [a la mujer]. Pero Dios es fiel, y no permitirá que ustedes sean [tentadas] más allá de lo que puedan aguantar. Más bien, cuando llegue la tentación, él les dará también una salida a fin de que puedan resistir». Pablo no dijo: «Si eres tentada en lo sexual, debe haber algo malo en ti ya que nadie lucha tanto con eso». Dijo que todas las tentaciones son comunes, y como Dios hace a todos los seres humanos (sin importar el género, la nacionalidad ni el trasfondo económico) seres sexuados, puedes estar segura de que la tentación sexual y relacional es la más común del planeta.

¿Qué «salida» nos provee Dios en general para que resistamos la tentación? ¿Nos apaga directamente las emociones? No. ¿Hace que al objeto de nuestro deseo se lo trague la tierra? No. En mi experiencia, esa salida viene a menudo a través de una amistad que me exija rendirle cuentas a una mujer que comprenda mi debilidad y me aliente a permanecer firme en medio de la batalla. Cuando le doy permiso a una persona de confianza para que me haga preguntas acerca de las cosas difíciles y personales, y que me diga la verdad en amor (aunque duela), tengo que examinar la condición de mi corazón y de mi mente mucho más que si guardo estas cosas dentro de mí. Cuando no vivo dentro del modelo divino, una amiga así me avivará, no juzgándome con dureza, sino recordándome que puedo usar mi buen juicio. Al confesar ciertas tentaciones a amigas de confianza, he aprendido que en verdad no estoy sola en mi lucha.

En *La batalla de cada hombre*, Stephen Arterburn y Fred Stoeker describen el porcentaje de hombres que pelean con problemas sexuales mediante el uso de la siguiente analogía de la «curva en forma de campana»:

> Otra manera de considerar el alcance del problema es imaginarnos una curva en forma de campana. De acuerdo con nuestra experiencia calculamos que alrededor del 10% de los hombres no tienen ningún problema sexual: tentación con sus ojos y mentes. Al otro lado de la curva calculamos que hay otro 10% de hombres que son adictos sexuales y tienen un serio problema con la lascivia. Los sucesos emocionales los dejaron tan golpeados y marcados que simplemente no pueden conquistar este pecado en sus vidas. Necesitan más asesoramiento y una limpieza transformadora por medio de la Palabra. El resto de nosotros estamos comprendidos en medio del 80% viviendo en varios tonos de color gris en cuanto al pecado sexual se refiere[3].

Creo que la misma ilustración sirve para las mujeres. Es probable que haya diez por ciento de mujeres del tipo de June Cleaver, pura como la nieve, a la que nunca se le ocurriría desear a ningún hombre que no sea Ward. Después hay otro diez por ciento del tipo de las Conejitas de Playboy, a las que les encanta insinuar, enviar miradas seductoras y disfrutar de los trofeos de guerra. El resto de nosotras es probable que caigamos dentro de ese ochenta por ciento que lucha con la integridad sexual y emocional en diferentes grados.

Pensar que eres la única a la que te asedian las tentaciones sexuales te hará más vulnerable al fracaso, ya que es probable que no pidas ayuda para cambiar. Si esta es tu lucha, puedes sacar provecho de la intimidad genuina en la amistad con otras mujeres. He llegado a depender de esto en mi búsqueda por mantener la integridad sexual. Tus amigas pueden ofrecerte una cuerda de salvamento a la cual aferrarte cuando la tentación sea muy profunda como para enfrentarla sola.

GANA LA BATALLA CON LA VERDAD

Si alguno de estos mitos ha hecho que te des cuenta de que estás parada en la línea de fuego en esta batalla por la integridad sexual, te aliento a que disipes estos mitos de tu mente con la verdad de la Palabra de Dios.

MITO 1: No hay nada malo en que me compare a mí o a mi esposo con otra persona.

VERDAD: «Al medirse con su propia medida y compararse unos con otros, no saben lo que hacen». (2 Corintios 10:12)

MITO 2: Soy lo bastante madura como para mirar cualquier película o programa de televisión, leer cualquier libro, escuchar cualquier tipo de música o navegar en cualquier sitio Web sin que esto me afecte en forma negativa.

VERDAD: «[La mujer] que es [buena], de la bondad que atesora en el corazón produce el bien; pero [la] que es [mala], de su maldad produce el mal, porque de lo que abunda en el corazón habla la boca». (Lucas 6:45)

MITOS 3 y 4: Si fantaseo con otro hombre cuando tengo relaciones con mi esposo, no le hago mal a nadie y si pienso en qué tipo de hombre me gustaría tener si mi esposo muriera no es algo para hacer tanto escándalo, ¡siempre y cuando no esté haciendo un complot para matarlo!

VERDAD: «Los que viven conforme a la naturaleza pecaminosa fijan la mente en los deseos de tal naturaleza; en cambio, los que viven conforme al Espíritu fijan la mente en los deseos del Espíritu. La mentalidad pecaminosa es muerte, mientras que la mentalidad que proviene del Espíritu es vida y paz. La mentalidad pecaminosa es enemiga de Dios, pues no se somete a la ley de Dios, ni es capaz de hacerlo. Los que viven según la naturaleza pecaminosa no pueden agradar a Dios. Sin embargo, ustedes no viven según la naturaleza pecaminosa sino según el Espíritu, si es que el Espíritu de Dios vive en ustedes. Y si alguno no tiene el Espíritu de Cristo, no es de Cristo». (Romanos 8:5-9)

MITO 5: La masturbación no me hace daño, no daña la relación con mi esposo (actual o futuro), ni mi relación con Dios.

VERDAD: «La voluntad de Dios es que sean [santificadas]; que se aparten de la inmoralidad sexual; que cada [una] aprenda a controlar su propio cuerpo de una manera santa y honrosa, sin dejarse llevar por los malos deseos como hacen los paganos, que no conocen a Dios». (1 Tesalonicenses 4:3-5)

MITO 6: Debido que me siento tentada en lo sexual, ya debo ser culpable, ¿entonces para qué molestarme en resistir?

VERDAD: «Porque no tenemos un sumo sacerdote incapaz de compadecerse de nuestras debilidades, sino uno que ha sido tentado en todo de la misma manera que nosotros, aunque sin pecado. Así que acerquémonos confiadamente al trono de la gracia para recibir misericordia y hallar la gracia que nos ayude en el momento que más la necesitemos». (Hebreos 4:15-16)

MITO 7: Nadie llegaría a entender del todo mi lucha.

VERDAD: «Ustedes no han sufrido ninguna tentación que no sea común [a la mujer]. Pero Dios es fiel, y no permitirá que ustedes sean [tentadas] más allá de lo que puedan aguantar. Más bien, cuando llegue la tentación, él les dará también una salida a fin de que puedan resistir». (1 Corintios 10:13)

Jesús [...] dijo:
—Si se mantienen fieles a mis enseñanzas, serán realmente mis discípulos; y conocerán la verdad, y la verdad los hará libres.

Juan 8:31-32

Es tiempo de una nueva revolución

No se amolden al mundo actual, sino sean transformados mediante la renovación de su mente. Así podrán comprobar cuál es la voluntad de Dios, buena, agradable y perfecta.

ROMANOS 12:2

Cuando recuerdo mis años de preadolescencia, lo que sobresale en mi mente es el deseo que tenía de pasar enseguida la pubertad. Cansada de que me trataran como a una niña, anhelaba de tal manera crecer y transformarme en mujer que empecé a practicar para ese papel. Presté especial atención a la forma moderna en que las mujeres se vestían, caminaban, hablaban y actuaban e intenté imitar su comportamiento. Durante esta fase en los años setenta, empezó a salir por televisión el comercial del perfume *Enjoli*. Una hermosa rubia con un vestido rojo ajustado se abanicaba con un manojo de billetes, giraba una sartén por el aire, luego se arrojaba a las rodillas de un hombre y le pasaba los dedos por el cabello en forma seductora. Las palabras sensuales que gritaba eran: «¡Soy una MUJER!».

Mientras Hollywood nos pintaba a la mujer liberada, la mayoría de nosotras nos preparábamos para ir danzando ciegamente hacia la trampa de Satanás. No me entiendas mal; me parece fantástico que el movimiento de liberación femenina nos haya traído libertad para votar, educarnos y encontrar la satisfacción profesional en los estudios superiores, pero los juegos de poder, la búsqueda para obtener el control y los juegos de manipulación que han venido de la mano, a menudo han enterrado a las mujeres hasta el cuello bajo las cenizas de sus sostenes quemados.

A partir de este movimiento de liberación, se ha bombardeado a las mujeres con mensajes que dicen que debemos estar en forma, enamoradas y tener el control, y que ser eróticas es la prioridad número uno. Con la televisión, la música, las películas y la Internet, lo único que puede lograr que la mente de una mujer no gire con la corriente de este mundo es que viva bajo una roca. Sin embargo, ¿cuándo comenzó esta revolución sexual y cómo hemos llegado tan lejos?

UN VIAJE A TRAVÉS DEL TIEMPO

Si buscáramos datos en libros de historia estadounidense, nos encontraríamos con que al principio del siglo veinte los teatros de revista iniciaban sus funciones con chistes, sátiras y canciones subidos de tono, bailes sugestivos y actrices casi desnudas. La bien dotada Mae West empezó a trabajar en el mundo del espectáculo gracias a que entretenía a la multitud en este tipo de teatros. Para los años veinte, ya el *striptease* había pasado a ser el acto destacado en la mayoría de estos espectáculos. Según la *New Standard Encyclopedia*: «La revista desapareció por completo en los años sesenta. Parecía anticuada e insulsa comparada con el humor sexual explícito y obsceno que se había desarrollado en clubes nocturnos y películas»[1].

Recién salidas de la Segunda Guerra Mundial, las mujeres ansiaban entretenimiento ligero y las fanáticas de las estrellas quisieron abrazar (literalmente) a galanes como Frank Sinatra, Bing Crosby y Rock Hudson con un desenfreno temerario. Los símbolos sexuales femeninos de la era fueron mujeres voluptuosas como Jane Russel, Jayne Mansfield y Betty Grable. ¿Y quién puede olvidar a Marilyn Monroe, cuya vida personal produjo matrimonios fallidos y varios intentos de suicidio, el último de los cuales no solo le quitó la vida, sino también su legado de gatita erótica?

En los años sesenta, la invasión de los Beatles con su éxito *Revolution* trajo una conciencia del cambio cultural en Estados Unidos. Nos pusimos los «zapatos azules de gamuza» (*Blue Suede Shoes*) de Elvis y giramos hacia la libertad sexual y la rebelión contra la autoridad a una velocidad vertiginosa. En los setenta, los *hippies* comenzaron a gritar: «¡Hagan el amor, no la guerra!» y la frase «Si te hace sentir bien, ¡hazlo!» se transformó en el patrón que gobernó la conducta sexual. Con el debut de *Los Ángeles de Charlie* y *10*, las peluquerías y gimnasios hicieron una fortuna debido a la cantidad de gente que quería ser como Farrah Fawcett y Bo Derek. Robert Palmer resumió la epidemia de los años ochenta con su canción: *Addicted to Love!* [Adicto al amor] y aunque Madonna cantaba *Like a Virgin*» [Como una virgen], no le enseñaba a las mujeres a vestirse ni a actuar como tal. Los noventa pasarán a la historia como la década en que Britney Spears superó la etapa de Mosquetera de Mickey y se puso blusas de piel sin mangas y de amarrar al cuello y pantalones apretados a las caderas. Hoy, en el siglo veintiuno, los mensajes sexuales son tantos que la espiral descendente parece perderse en la gran niebla.

¿Qué tipo de cosas comunica nuestra sociedad actual? Mientras camino por el centro comercial, espero que en mi hija no influya el tremendo cartel en la tienda de *Abercrombie & Fitch*: una foto de dos chicas y un chico juntos en la cama, ni la muestra de *Victoria Secret*, ni la de *Frederick of Hollywood*. Incluso algunos de los anuncios en el pasillo de *JC Penney* se han vuelto sumamente eróticos. Mientras conduzco por el centro de Dallas, no puedo dejar de ver a las muchachas ligeras de ropas en las publicidades de alcohol o de «clubes para caballeros» (aunque nunca conocerás a un caballero allí). Camino por una tienda de libros y me llama la atención la gráfica portada que promociona *The Joy of Gay Sex* [El gozo de la relación sexual homosexual]. No me extraña que los hombres y las mujeres se vuelquen a la relación sexual fuera del matrimonio (con miembros del mismo sexo o del sexo opuesto). Es lo que la sociedad intenta para persuadirnos de que es deseable y aceptable. Es raro que vea comerciales que representen el acto sexual bueno, limpio, saludable y divertido *dentro de una relación matrimonial monógama*.

Sin duda, las cosas han cambiado. Hace cien años los cristianos se indignaban por los espectáculos de revista que viajaban de ciudad en ciudad. Hoy en día las jóvenes cristianas caminan por la calle con aros en el ombligo que brillan por debajo de las blusas cortas y ajustadas a la piel, inconscientes (o quizá conscientes) del efecto que producen en los hombres. En 1939, *Lo que el viento se llevó* despertó exclamaciones de indignación gracias a la famosa línea de Clark Gable que salió en los titulares: «¡Me importa un bledo!». Hoy en día, los productores de películas añaden a propósito escenas vulgares y eróticas a sus producciones para atraer más espectadores dentro de las películas aptas para menores de edad. En algún tiempo, las revistas pornográficas había que buscarlas, encontrándose solo en los estantes más altos, con una envoltura de papel de estraza y se vendían a clientes maduros. Hoy en día, si eres lo bastante grande como para saber la forma de navegar por la Red, puedes permitirle el acceso a tu casa a una ilimitada cantidad de material pornográfico con solo hacer clic con el ratón.

Sin embargo, la epidemia de inmoralidad sexual comenzó mucho antes de la pornografía o de los teatros de revista de principios del siglo veinte. Desde el comienzo, Satanás ha usado la relación sexual para crear un clima cultural que nos atraiga fuera de la santidad a la que nos llamó Dios. El libro de Génesis habla de distorsión sexual en siete maneras diferentes: poligamia (4:19), homosexualidad (19:5), fornicación y violación (34:2), prostitución (38:15), incesto (38:16-18) y seducción perversa (39:7). Desde entonces, la sexualidad ha sido una de las armas preferidas de Satanás para hacer que los creyentes se confundan y fracasen en el aspecto moral. Un viaje al jardín del Edén nos ayudará a entender cómo le hemos dado rienda suelta en este mundo para crear este clima cultural.

EL REGALO QUE ENTREGÓ EVA

En el primer capítulo de Génesis, vemos cómo Dios crea al hombre y a la mujer a su imagen y los ubica en el jardín del Edén con intención de que gobiernen sobre todas las cosas. A fin de visualizarlo, imagínate que Dios les dio a Adán y Eva una caja de regalo envuelta en un precioso papel. Dentro de la caja estaba el regalo de la *autoridad*. Dios les dio el regalo de la autoridad a Adán y Eva para que actuaran con sabiduría como administradores de toda la creación.

No obstante, la astuta serpiente, quizá sabiendo que la mujer se siente tentada por lo que oye, susurró entre dientes algo al oído de Eva, acerca de cómo podía obtener el poder de la sabiduría de Dios si mordía el fruto prohibido. Ya que se le había dado autoridad a Eva para reinar sobre esta criatura, y no al revés, como respuesta tendría que haberle cerrado la boca y debió mandarla a freír espárragos cuando trató de tentarla a desobedecer a Dios. Con todo, fascinada por el señuelo del poder, Eva hundió los dientes en la fruta prohibida, cometiendo así el error más amargo de su vida, un error por el cual tuvo que hacer las maletas y dejar el paraíso para siempre. Su pecado fue la rebelión contra el Creador, pero la tragedia subyacente fue que le entregó el regalo de la autoridad a la astuta serpiente.

Una vez que el pecado entró en el corazón humano, se perdió la autoridad para reinar y gobernar el mundo. Le dieron este regalo a Satanás cuando se rebelaron contra Dios. Allí fue cuando Satanás se convirtió en el príncipe de este mundo, simplemente porque la humanidad le entregó la autoridad.

Antes, Adán y Eva habían vivido en perfecta paz en su relación con Dios y entre ellos, pero el traspaso de este regalo de sus manos a las manos de Satanás hizo que todo terminara. Antes se sentían aceptados, pero ahora solo sentían rechazo. Su sentido de pertenencia se transformó en soledad y su sentido de competencia dejó lugar a sentimientos de incompetencia. Su sentido de identidad se convirtió en confusión y su seguridad se desvaneció hasta transformarse en ansiedad. Debido a que una vez se sintieron importantes, ahora sentían que no tenían ningún valor. Su perfecta relación con Dios comenzó a reducirse hasta quedar solo un vacío espiritual.

El diablo sabía que ahora poseía este regalo, y Dios también lo sabía. Es más, Satanás hizo alarde de su autoridad en la cara de Jesús, y lo desafió para que intentara recuperarla prestándose a su torcido juego en lugar de someterse al plan de Dios para restituirle el regalo de la autoridad a la humanidad (un plan que requeriría el derramamiento de su sangre hasta la muerte). Lucas 4:5-7 dice: «Y le llevó el diablo a un alto monte, y le mostró en un momento todos los reinos de la tierra. Y le dijo el diablo: A ti te daré toda esta potestad, y la gloria de ellos; porque a mí me ha sido entregada, y a quien quiero la doy. Si tú postrado me adorares, todos serán tuyos» (RV-60).

Jesús le respondió: «Vete de mí, Satanás, porque escrito está: Al Señor tu Dios adorarás, y a él solo servirás» (Lucas 4:8, RV-60). Fíjate que Jesús no negó la autoridad *actual* del diablo sobre los reinos de la tierra. Aun así, Él sabía lo que traía el futuro y que era solo cuestión de tiempo para que esa autoridad cambiara de manos y se devolviera a su dueño por derecho. Sabía que a través del pecado nunca se recuperaría la autoridad, así que Jesús eligió el plan de Dios para reestablecer esa autoridad y confiársela a la humanidad una vez más mediante su muerte y resurrección y a través de la venida del Espíritu Santo.

Volvamos a la escena en el jardín del Edén (Génesis 3) para ver cómo se desarrolló la historia. La soberana justicia de Dios establecía que la desobediencia deliberada de la humanidad traería consecuencias. En primer lugar, Dios maldijo a la serpiente y prometió que la descendencia de la mujer le aplastaría la cabeza (una promesa que se cumplió con la victoria de Cristo sobre Satanás). A continuación, Dios prometió incrementar el dolor de Eva al dar a luz y le dijo «tu deseo te llevará a tu marido, y él tendrá autoridad sobre ti» (versículo 16). Luego castigó a Adán al maldecir la tierra y exigirle que trabajara con diligencia para hacer que produjera comida (versículos 17-19).

ADÁN Y EVA CREADOS A SU IMAGEN (*Génesis 1 y 2*)	ADÁN Y EVA DECIDIERON INTENTAR SER COMO DIOS (*Génesis 3*)	ESTA REBELIÓN TERMINÓ EN DOLOR (*Génesis 3 y 4*)
Aceptación	Pecado	Rechazo
Pertenencia		Soledad
Competencia		Incompetencia
Igualdad		Explotación
Identidad		Confusión
Seguridad		Ansiedad
Importancia		Falta de valor
Trascendencia		Vacío espiritual

Figura 4.1: Expulsados del Edén[2]

Sin embargo, rebobinemos y volvamos al versículo 16. Cuando Dios le dijo a Eva: «Tu deseo te llevará a tu marido, y él tendrá autoridad sobre ti», ¿le quiso decir que las mujeres iban a desear a sus esposos *sexualmente*? Aunque la mayoría de los eruditos leen la primera mitad de esta oración y hacen esta suposición, quiero desafiarte a que leas la oración completa antes de sacar tu conclusión. Dice: «Tu deseo te llevará a tu marido, *y* él tendrá *autoridad* sobre ti».

¿Por qué te parece que la Escritura usa estas dos frases en la misma oración? ¿Es posible que estén conectadas? Creo que lo están. Considero que el *deseo* de la mujer y el asunto de la *autoridad* o el *poder* se relacionan de una manera que deja al descubierto algo del misterio detrás de la conducta sexual de la mujer (o más bien, la mala conducta). Pienso que el deseo de poder (y la creencia de que el hombre posee este poder que desean las mujeres) es lo que hace que muchas seduzcan a los hombres, y lo que también empuja a algunas a usar la relación sexual como una herramienta de negociación en el matrimonio. Estas mujeres no quieren tanto la relación sexual ni el amor como el poder que se encuentra detrás de la acción de poner a un hombre de rodillas con sus encantos.

Cuando en la juventud descubrimos que nuestros cuerpos curvilíneos o nuestras caras bonitas son capaces de hacer que los hombres giren la cabeza, se despertó en nosotras una forma de poder que no conocíamos cuando éramos preadolescentes. Para algunas de nosotras, ese poder era embriagante... hasta quizá adictivo. Hacer que un compañero girara la cabeza se convirtió en una pequeña emoción, mientras que hacer que un hombre mayor e importante nos mirara significaba grandes beneficios para nuestro ego. Ya sea que fuera el capitán del equipo de fútbol, el profesor de la universidad o el jefe de departamento en el trabajo, el hecho de compartir el poder que tiene la gente importante al alinearnos en una relación con ellos, nos dio un sentido distorsionado de importancia.

Cuando los hombres no quieren permitir que una mujer comparta su poder o les impida mantener una determinación personal, algunas mujeres se tornan manipuladoras y usan su destreza sexual o sus enredos emocionales para establecer con firmeza esta sensación de poder o mantenerla. Es lamentable, pero incluso la victoria en estos juegos de manipulación nos deja *sedientas* de poder y *sin poder* alguno sobre nuestros deseos carnales.

Si quieres saber cómo satisfacer tu sed de poder (lo cual es una parte normal de la condición humana, pero que puede arrastrarte a un lugar mucho más profundo en esta batalla de lo que quieres llegar), te contaré un secreto: La sensación de poder que satisfará tu alma no se encuentra en un *hombre*. Solo se encuentra en *Dios*. ¿Les da Dios este poder a los hombres? Sí. Entonces, ¿necesitas pasar por un hombre para recibir este poder? No. El único intermediario que necesitas para aprovechar el poder de Dios es el Espíritu Santo. Y cuando descubras su poder para ayudarte a vivir una vida de satisfacción plena, te darás cuenta de que, en comparación, el poder de la seducción palidece.

LA BÚSQUEDA DE PODER Y EL ANHELO DE AMOR

La mayoría de mis días de soltera son el testimonio trágico de una mujer que luchaba por ganar algún tipo de poder a través de relaciones inadecuadas con los hombres. En lugar de usar la belleza que Dios me dio para darle gloria, la usé como carnada para hacer que los hombres alimentaran mi ego. En lugar de inspirar a los hombres a adorar a Dios, de manera inconsciente quería que me adoraran a mí, y si lograba atrapar a un hombre con mis encantos, me sentía en secreto poderosa.

Nunca me di cuenta de estas trágicas verdades hasta que fui a un consejero cuando estaba casada. Como intentaba entender por qué me sentía tentada a buscar fuera de mi matrimonio, mi terapeuta me pidió que durante una semana hiciera una lista de todos los hombres con los que había estado sexualmente y a los que había perseguido de forma emocional. Me conmocionó y entristeció ver lo larga que se había hecho mi lista a través de los años.

En la siguiente visita, me pidió que durante la próxima semana pasara un tiempo en oración y me preguntara: «¿Qué tienen en común estos hombres?». Dios me mostró que cada una de estas relaciones se había desarrollado con alguien mayor que yo y con alguien que estaba en alguna posición de autoridad: mi profesor, mi jefe, mi abogado.

Al examinar mi alma para discernir por qué existía este hilo común en mis búsquedas relacionales, la raíz del asunto se hizo evidente: mi sed de poder sobre un hombre. Debido a mis sentimientos de impotencia en mi relación con un padre autoritario, en mi subconsciente había vuelto a crear relaciones autoritarias para «ganar esta vez». Cada vez que me las arreglaba para imponerme en una relación, seduciendo de forma inconsciente a mi presa para que alimentara mi ego y se encargara de mis necesidades y deseos, era como si dijera: «¡Ya ves, papá! ¡Alguien me ama! ¡*Soy* digna de atención y afecto!».

En mis intentos por llenar el vacío con forma de padre que había en mi corazón y establecer algo que se pareciera a una valoración propia a través de estas relaciones disfuncionales, creaba una larga lista de relaciones vergonzosas y una tremenda carga emocional. Pasé por alto la única fuente de satisfacción y valoración: una relación íntima con mi Padre celestial. Desde que empecé a buscar esta relación como lo primero y lo más importante, Jesús no solo se ha transformado en mi primer amor y me ha dado una sensación de valor que va más allá de lo que cualquier hombre me podría dar, sino que también ha restaurado la relación con mi padre terrenal y me ha ayudado a mantenerme fiel a mi esposo. (En el capítulo 11 hablaremos más acerca de esta relación íntima con nuestro Padre celestial).

Creo que muchas mujeres que luchan por la integridad sexual o emocional son todavía niñas atrapadas en el cuerpo adulto de una mujer, que buscan con desesperación una figura paterna que les dé el amor que anhelaron cuando eran pequeñas. Esta búsqueda de «amor» toma la forma de búsqueda de intimidad y cercanía, y por desgracia el mundo en el que vivimos nos enseña que esta intimidad y esta cercanía solo se encuentran a través de la relación sexual. Sin embargo, como han descubierto con dolor muchas mujeres, las relaciones pueden construirse por completo sobre una base sexual y carecer de toda intimidad y cercanía, lo que nos deja con una sensación incluso mayor de impotencia para satisfacer nuestras necesidades.

Es de lamentar que las mujeres hemos usado la relación sexual durante mucho tiempo para satisfacer nuestras propias necesidades. Es más, ha sido así desde los tiempos bíblicos. Pablo predicó en contra de esto en su primera carta a Timoteo cuando escribió: «Yo no permito que la mujer enseñe ni que ejerza autoridad sobre el hombre, sino que permanezca callada» (2:12, LBLA). Algunas personas han usado este versículo como excusa para mantener a las mujeres fuera de todo tipo de liderazgo en la iglesia, pero yo creo que no tiene nada que ver con la enseñanza del evangelio ni el ejercicio justo de la autoridad para llevar a otros a Cristo. Según he investigado el significado de la palabra griega para «autoridad» que Pablo usó, creo que hablaba del mismo asunto que tratamos en este capítulo: *mujeres que usan la relación sexual para ejercer poder sobre los hombres.*

La palabra que Pablo usa para hablar de «autoridad» es la palabra griega *authentein*, y no todos los eruditos estan de acuerdo con este significado. Algunos la traducen como «usurpar la autoridad, avasallar o ejercer autoridad sobre algo», y otros como «involucrar a alguien en relaciones sexuales en busca del poder». En otras palabras, podría leerse de esta manera: «Yo no permito que la mujer enseñe inmoralidad sexual, ni que involucre al hombre en el pecado sexual»[3].

He aquí algunos otros ejemplos de mujeres que son culpables de juegos de manipulación en su búsqueda por sentirse poderosas sobre los hombres:

- Corin confiesa que cuando se viste por la mañana, considera a los hombres con los que se encontrará ese día y elige su atuendo teniendo en cuenta si necesitará influir en la decisión de un hombre en el trabajo. (Corin abusa de su poder al usar su atractivo sexual para manipular a los hombres y hacer que hagan lo que ella quiere).

- A Trina no le interesa Kurt, un compañero de trabajo que, a juzgar por la cantidad de cumplidos que le hace, es evidente que la admira muchísimo. No obstante, si la invita o si necesita un incentivo para su ego, sale a comer con él. (Trina se aprovecha del afecto de Kurt y de su billetera sin ninguna intención de corresponder a sus sentimientos).

- Vicki admite que, cuando se excede en el presupuesto, a menudo inicia la relación sexual con su esposo antes de darle la noticia. (Vicki usa la relación sexual para aliviar el impacto del mal manejo del dinero).

- Una mujer que se divorció hace poco, Débora, ha vuelto a salir con hombres. Cuando uno responde a sus avances con el fin de conectarse en el ámbito emocional, al final pierde el interés. En cambio, si se hace el difícil, no puede apartarlo de su mente. Se siente mejor cuando tiene el desafío de conquistar la determinación de un hombre. (A Débora no le interesa tanto tener una relación genuina e íntima como estimular su ego haciendo que un hombre gire la cabeza para mirarla y atrayéndolo con su poder de seducción).

- Cada domingo por la mañana, Jennifer se pone su mejor ropa y se dedica a observar con atención a las personas en la iglesia para ver quién la está mirando. (En el corazón de Jennifer, ir a la iglesia significa ante todo obtener la adoración que desea para sí misma en lugar de ofrecer adoración a Dios).

UN MOVIMIENTO QUE HA LLEGADO DEMASIADO LEJOS

«Men's Top 10 Sex Wants»[Los 10 deseos supremos de los hombres][4].

«The Secret Sex Move He's Got to Feel to Believe» [El avance sexual secreto que él tiene que sentir para creer][5].

«The #1 Thing He Craves in Bed» [El deseo número uno que él tiene en la cama][6].

Esto son solo tres de los muchos títulos similares de las revistas que revisas en los estantes del supermercado. Los numerosos artículos sobre estos temas indican que muchas mujeres hoy quieren destreza sexual, poder y formas creativas para manipular a los hombres a fin de que hagan lo que ellas quieren. Los títulos de los periódicos locales están dirigidos a una cultura saturada de sexualidad, al igual que los programas de relación sexual segura en las escuelas, las concentraciones que promueven la legalización del aborto y de los activistas homosexuales que marchan por sus derechos.

Lo que comenzó hace más de cien años como un movimiento femenino para la igualdad de derechos, la igualdad de pago y de oportunidades, se ha deformado hasta transformarse en algo diferente al propósito original. Vivimos en una era donde muchas mujeres son en realidad más promiscuas que los hombres. Ahora intentan ejercer poder sobre otros, insistiendo en su derecho a «elegir» mientras que (1) no respetan los derechos que tiene el hombre de evitar las tentaciones sexuales y (2) no respetan el diseño de Dios para que la relación sexual cree vida y traiga intimidad entre el esposo y la esposa.

Diane Passno explica en su libro *Feminism: Mystique or Mistake?* [Feminismo: ¿Misterio o error?] que lo que en realidad empezó como un esfuerzo cristiano por liberar a la sociedad de los efectos negativos del alcoholismo (el movimiento de abstinencia) y por obtener igualdad de derechos para las mujeres se ha transformado en un movimiento que se ha desviado demasiado de sus raíces.

Hace tiempo que estoy profundamente desilusionada con las feministas de mi generación, cuyo mensaje principal ha sido aceptar la libertad de reproducción [el aborto], el estilo de vida lesbiana y la filosofía egoísta de la «víctima» que no solo es agotador, sino también contraproducente.

[La National Organization for Women (NOW) (Organización nacional a favor de las mujeres)] dice tener medio millón de miembros, representando a menos de la mitad del uno por ciento de las mujeres en los Estados Unidos hoy [...] La mayoría de las mujeres de este país no están de acuerdo con el mensaje ni con las mujeres enojadas, intimidantes y categóricas que lo dan. Las feministas de principio de siglo que pelaron por los derechos de la mujer para votar y tener igualdad en el trabajo ganaron batallas que había que pelear [...] batallas en las que casi todas las mujeres podían estar de acuerdo y en las que podían combatir con una misma manera de pensar. Sin embargo, las feministas de esta generación tienen un programa de naturaleza divisoria y la mayoría de las mujeres no se suben al tren para gritar «¡Hala!», a fin de alentarlas [...]

¿Cómo es posible que un movimiento que comenzó con el título de Women's Christian Temperance Union [Unión Cristiana de Mujeres Abstinentes], fundado por mujeres cristianas y basado en la Escritura, termine tan estropeado cien años después? ¿Cómo es posible que un movimiento femenino que predicaba justicia social y que estaba establecido sobre principios cristianos se transforme en un movimiento que hoy ridiculiza esos mismos principios? ¿Cómo es posible que un movimiento que hacía énfasis en la pureza moral para ambos sexos se transforme en un movimiento que proclame la libertad sexual sin límites, los derechos de las lesbianas y el odio hacia el género masculino?[7]

Como resultado del fracaso de este movimiento, muchas mujeres ya no se dejan gobernar por lo que es desde todo punto verdadero (de acuerdo a la Escritura); en cambio, se dejan gobernar por lo que es del todo popular. A esto lo llamo Moralidad Popular, la cual dice: «Si todos lo hacen, yo también puedo hacerlo». Aun así, recordemos lo que solían decirnos nuestras madres: «Si todos saltaran de un edificio, ¿harías lo mismo?». Tenían razón. No todos lo hacen (*lo* puede abarcar cualquier cosa: relación sexual fuera del matrimonio, aborto, lesbianismo, fantasías, masturbación y demás), e incluso si lo hacen, no significa que esté bien ni que sea algo inteligente.

EL MOMENTO PARA UNA NUEVA REVOLUCIÓN

El sociólogo e historiador Carle Zimmerman escribió un libro titulado *Family and Civilization* [Familia y civilización] que se basa en las observaciones que ha hecho, las cuales establecen un paralelo directo entre la desintegración de varias culturas y el deterioro de las familias en ellas. Los ocho puntos en común que Zimmerman identificó en cada civilización documentada que hasta ahora llegó a la ruina incluyen:

1. El matrimonio pierde su carácter sagrado y el divorcio se hace común.

2. Se pierde el significado tradicional de la ceremonia matrimonial.

3. Abundan los movimientos feministas.

4. Aumenta la falta de respeto a los padres y a la autoridad.

5. Se aceleran la delincuencia juvenil, la promiscuidad y la rebelión.

6. La gente con matrimonios tradicionales se niega a aceptar responsabilidades familiares.

7. Crece el deseo de aceptación y el adulterio.

8. Crece el interés en las perversiones sexuales y en los crímenes que tienen que ver con la relación sexual[8].

Aunque, sobre la base de nuestros males sociales de hoy, te parezca que Zimmerman escribió este libro hace poco, en realidad lo publicó en 1947. ¿Están presentes estos puntos comunes en nuestra sociedad actual? Juzga por ti misma.

- Alrededor de cincuenta por ciento de los matrimonios termina en divorcio.

- Setenta y cinco por ciento de los niños crecerá sin un padre en algún momento de su vida.

- A casi cincuenta por ciento de las mujeres las viola alguien conocido antes de cumplir dieciocho años.

- La cohabitación ha alcanzado cifras sin precedentes y noventa y cinco por ciento de las parejas dicen que no quieren un matrimonio como el que tuvieron sus padres[9].

Estas estadísticas hacen que me pregunte cuánto tiempo pasará antes de que nuestra civilización termine en ruinas. Creo que es hora de una nueva revolución cultural donde reclamemos y ejerzamos nuestra autoridad sobre toda la creación (incluyendo a Satanás). Una vez que reclamemos esta autoridad y dejemos de someternos a una cultura que nos lleva por mal camino, descubriremos nuevos niveles de integridad sexual, disfrutaremos de una verdadera intimidad en el matrimonio y experimentaremos la satisfacción de nuestros deseos más profundos a través de relaciones justas y honradas.

RECLAMEMOS EL REGALO DE LA AUTORIDAD

Quizá parezca imposible cambiar la dirección de la marea en nuestra cultura, pero no estamos solos en este desafío. *Dios* cambiará la dirección de la marea *por medio* de nosotros. Lo único que nos pide es que rindamos nuestras vidas a Él y que seamos testigos de lo que su poder y amor son capaces de hacer. A medida que cada vez más mujeres reciban esta revelación y les expresen esta sabiduría a otras, la marea al final cambiará sola. Necesitamos comenzar a concentrarnos en nuestro comportamiento para no permitir que el mundo siga influyendo en nosotras. Esto solo se logra exigiendo de manera personal el regalo de la autoridad que vendió Eva al principio.

A fin de reclamar este regalo, debemos entender que Dios es la única fuente verdadera de poder. La única manera de experimentar el poder que anhelamos es conectándonos en forma íntima con Él. Cuando lo hacemos, Él satisface nuestras necesidades más profundas de amor, aceptación e importancia. Esto nos da poder para ejercer dominio propio. Dios nos promete dominio propio, junto con muchos otros atributos, cuando permitimos que el Espíritu Santo nos guíe. «En cambio, el fruto del Espíritu es amor, alegría, paz, paciencia, amabilidad, bondad, fidelidad, humildad y dominio propio. No hay ley que condene estas cosas» (Gálatas 5:22-23).

Una vez que nos conectamos a la fuente suprema de poder y descubrimos el verdadero poder del dominio propio, recuperamos la autoridad que una vez Eva le entregó a Satanás. En 1 Juan 4:4 se nos recuerda que el que está en nosotros (el Espíritu Santo) es más poderoso que el que está en el mundo (Satanás).

¿Qué hacemos en realidad para recuperar esta autoridad? Debemos entender quiénes somos en verdad gracias a la muerte de Cristo a fin de liberarnos de la ley del pecado y de la muerte.

EN CRISTO TENGO ACEPTACIÓN

- Soy hija de Dios (Juan 1:12).
- Soy amiga de Cristo (Juan 15:15).
- He sido justificada (Romanos 5:1).
- Estoy unida al Señor y soy una con Él en espíritu (1 Corintios 6:17).
- Me compraron por precio; pertenezco a Dios (1 Corintios 6:20).
- Soy miembro del cuerpo de Cristo (1 Corintios 12:27).
- Soy santa (Efesios 1:1).
- Me adoptaron como hija de Dios (Efesios 1:5).
- Tengo acceso directo a Dios a través del Espíritu Santo (Efesios 2:18).
- Soy redimida y mis pecados son perdonados (Colosenses 1:14).
- En Cristo estoy completa (Colosenses 2:10).

Figura 4.2: Quién soy en Cristo[10]

La manera en que nos vemos afecta nuestra vida y las decisiones que tomamos. Si nos vemos débiles, tentadas fuera de todo control o necesitadas, así nos comportaremos. Entonces, si esto es lo que creemos y así nos comportamos, la muerte de Cristo en la cruz fue en vano. Él murió para que su Espíritu Santo llenara nuestro vacío, sanara nuestro corazón y satisficiera todas nuestras necesidades.

Es triste, pero la mayoría de los creyentes no entienden quiénes son en verdad, lo que Dios quiso que fueran y la autoridad que quiso que poseyeran; tampoco entienden la manera en que Cristo logra satisfacer su deseo de aceptación, seguridad e importancia. En su libro *Viviendo libre en Cristo*, Neil T. Anderson resume quiénes somos gracias a lo que Cristo hizo por nosotros y cómo tenemos todo el poder y la autoridad como simple resultado de nuestra relación con Dios. (Por favor, véase la Figura 4.2, a partir de la página #88).

EN CRISTO ESTOY SEGURA

- Soy libre para siempre de toda condenación (Romanos 8:12).

- Puedo estar segura de que todas las cosas son para bien (Romanos 8:28).

- Soy libre de cargos condenatorios en mi contra (Romanos 8:33-34).

- Nada puede separarme del amor de Dios (Romanos 8:35, 38-39).

- Dios me ha establecido, me ha ungido y me ha puesto su sello (2 Corintios 1:21-22).

- Puedo confiar en que Dios perfeccionará la buena obra que ha comenzado en mí (Filipenses 1:6).

- Soy ciudadana del cielo (Filipenses 3:20).

- Estoy escondida con Cristo en Dios (Colosenses 3:3).

- No me han dado espíritu de cobardía, sino de poder, de amor y de dominio propio (2 Timoteo 1:7).

- Puedo hallar la ayuda de la gracia y la misericordia en tiempos difíciles (Hebreos 4:16).

- He nacido en Dios y el maligno no puede tocarme (1 Juan 5:18).

Figura 4.2: Quién soy en Cristo[10]

EL DESAFÍO DE LOS TREINTA DÍAS

En mis charlas, a menudo desafío a las mujeres a que eviten durante treinta días cualquier programa de televisión, película, libro, revista o música que las lleve a pensar en los hombres de forma negativa. Copia los versículos de la Figura 4.2, pégalos en el espejo del baño y repítelos en voz alta cada mañana durante los treinta días. Repite este ejercicio todas las veces que te sientas insegura, sola o tentada a manipular a un hombre para que satisfaga tus necesidades.

Llegar a conocer a Dios en forma más íntima significa, en parte, aprender qué es lo que piensa acerca de ti y entender las provisiones que te ha dejado para satisfacer tus deseos más profundos de sentirte amada, necesitada y poderosa (una forma justa y no manipuladora de poder). Esta es una manera fantástica de descubrir quién eres, no la persona que el mundo quiere programar, sino la persona que diseñó tu Creador. Una vez que permites que Dios corrija lo que piensas acerca de ti misma, estas

---

EN CRISTO SOY IMPORTANTE

- Soy la sal y la luz de la tierra (Mateo 5:13-14).
- Soy un pámpano de la vid verdadera, un canal de su vida (Juan 15:1,5).
- Me eligieron y diseñaron para llevar fruto (Juan 15:16).
- Soy testigo personal de Cristo (Hechos 1:8).
- Soy el templo de Dios (1 Corintios 3:16).
- Soy ministro de reconciliación (2 Corintios 5:17-20).
- Soy colaboradora de Dios (2 Corintios 6:1).
- Estoy sentada en lugares celestiales con Cristo (Efesios 2:6).
- Soy hechura de Dios (Efesios 2:10)
- Puedo acercarme a Dios con libertad y confianza (Efesios 3:12).
- Todo lo puedo en Cristo que me fortalece (Filipenses 4:13).

Figura 4.2: Quién soy en Cristo[10]

creencias comenzarán a impulsar tus decisiones, después vendrá tu comportamiento y tendrás victoria en esta batalla contra las concesiones sexuales.

Es cierto que somos humanos, pero no luchamos como los hombres de este mundo. Las armas que usamos no son las del mundo, sino que son poder de Dios capaz de destruir fortalezas. Y así destruimos las acusaciones y toda altanería que pretenda impedir que se conozca a Dios. Todo pensamiento humano lo sometemos a Cristo, para que lo obedezca a él.

2 Corintios 10:3-5 (DHH)

SEGUNDA PARTE

Diseña una nueva defensa

5

Lleva cautivos a los pensamientos

Pues aunque vivimos en el mundo, no libramos batallas como lo hace el mundo. Las armas con que luchamos no son del mundo [...] y llevamos cautivo todo pensamiento para que se someta a Cristo.

2 CORINTIOS 10:3-5

Entras sola en un auto de cuatro puertas. Es tarde en la noche y te encuentras en un barrio peligroso. Para sentirte segura, ¿qué es lo primero que haces cuando entras al auto? Exacto. Cierras las puertas con seguro.

¿Cuántas puertas cerrarás? Quizá creas que esta es una pregunta tonta, pero piénsalo. Si solo cierras una, dos, o incluso tres de las puertas, ¿estarás segura? Por supuesto que no. Todas las puertas tienen que estar cerradas para evitar que entre un intruso.

Lo mismo sucede cuando intentamos evitar que entren tentaciones sexuales poco gratas. Estas tentaciones pueden invadir nuestras vidas y al final dar a luz el pecado de cuatro maneras. Los pensamientos que elegimos para entretener nuestra mente son capaces de influir en nosotras. Las palabras que hablamos o las conversaciones que entablamos pueden atraernos hacia caminos deshonestos y peligrosos. Lo mismo sucederá si no cuidamos nuestro corazón y lo protegemos de relaciones malsanas. Y cuando permitimos que nuestro cuerpo esté en el lugar equivocado, en el momento equivocado, con la persona equivocada, es posible que terminemos haciendo concesiones en el campo sexual.

Incluso si dejamos solo una de estas puertas abiertas, somos vulnerables. Debemos cuidar las cuatro esferas (nuestra mente, corazón, boca y cuerpo) a fin de estar seguras y mantener nuestra integridad sexual. Hablaremos de la primera de estas esferas en este capítulo y discutiremos las otras en los siguientes tres.

¿EN QUÉ PIENSAS?

En la película *Lo que ellas quieren*, Nick Marshall (Mel Gibson) se encuentra con que, de repente, tiene una habilidad telepática para escuchar cada pensamiento, opinión y deseo que pasa por la cabeza de todas las mujeres.

Imagínate esto: mañana por la mañana te despiertas y cada hombre en el planeta tiene la capacidad de leer tu mente solo con estar en tu presencia. ¿Te pone nerviosa? ¡Seguro que sí! En especial si consideras los pensamientos que andan por nuestra mente todos los días que nunca se los contaríamos a nadie. Pensamientos tales como:

- *¿Él piensa que soy atractiva?*
- *¿Sabe que pienso que es atractivo?*
- *¿Qué se sentirá al besarlo?*
- *¿Será el indicado?*

¿Y qué sucedería si las mujeres también desarrollaran esta habilidad? Es posible que escucharan cosas tales como:

- *¿Quién se cree que es?*
- *¿Cómo hizo para conseguir un hombre tan apuesto?*
- *¿Su esposo se interesaría en mí si alguna vez le sucediera algo a ella?*
- *¡Al menos no soy así de gorda!*

Aun cuando podemos descansar sabiendo que ni los hombres ni las mujeres desarrollarán esta sensibilidad por ahora, tenemos una preocupación aun mayor. Dios tiene y ha tenido esta habilidad siempre. ¿Podrías, al igual que David, ser tan audaz como para orar de esta manera: «Examíname, SEÑOR; ¡ponme a prueba! purifica mis entrañas y mi corazón» (Salmo 26:2)?

Fíjate que David no dijo: «Examina mis acciones». Le pidió a Dios que examinara lo que había dentro de él. ¿Qué me dices de ti? ¿Qué hay dentro de tu corazón y de tu mente? Incluso las mujeres que nunca han tenido una relación seria o que no han estado involucradas en una actividad sexual inadecuada, a menudo tienen pensamientos y anhelos impuros. Sin importar nuestro pasado, todas compartimos esta lucha.

No obstante, solo porque todas las mujeres tengan pensamientos tentadores, no significa que sea sabio permitirlos ni albergarlos. Una cosa es tener algún pensamiento erótico o anhelo emocional al azar, somos seres humanos y Dios no nos condena por esto, pero otra cosa muy diferente y mucho más peligrosa es albergar estos pensamientos en nuestra mente o permitirnos fantasías de manera constante sin importarnos la naturaleza de lo que sucede en nuestra mente. Como dice la famosa cita:

> Siembra un pensamiento y cosecharás una acción;
> Siembra una acción y cosecharás un hábito;
> Siembra un hábito y cosecharás un carácter,
> Siembra un carácter y cosecharás un destino.
>
> Samuel Smiles

Quiero que los pensamientos que siembro me den una cosecha de acciones y hábitos positivos a fin de tener un carácter como el de Cristo y que se cumplan en mí los propósitos de Dios. Estoy segura de que tú quieres lo mismo, así que examinemos tres preguntas acerca del campo de nuestros pensamientos:

- ¿Qué pensamientos dice Dios que son adecuados e inadecuados?
- ¿Qué efecto tienen nuestros pensamientos en esta batalla de integridad sexual y emocional?

- ¿Cómo cuidamos nuestra mente de las influencias que nos hacen pecar?

LO MÁS IMPORTANTE ES LO MÁS IMPORTANTE

¿Recuerdas qué fue lo que Jesús calificó como lo más importante en la vida?

> —"Ama al Señor tu Dios con todo tu corazón, con todo tu ser y con toda tu mente" —le respondió Jesús—. Este es el primero y el más importante de los mandamientos. (Mateo 22:37-38)

Este versículo no nos dice que Jesús quiere que amemos al Señor con lo que queda de nuestro corazón, alma y mente. Tampoco dice que Dios tiene que consumir todos nuestros pensamientos cada minuto del día. La mayoría de nosotras no se puede sentar a meditar en Dios todo el día. Él sabe que tienes una vida. Él mismo te la dio y quiere que seas una buena administradora de tu relación matrimonial, de la educación de tus hijos, de tu carrera, de las responsabilidades de la casa, de los compromisos en la iglesia y en el ámbito social, etcétera.

De acuerdo con estos versículos, Jesús quiere que amemos a Dios *más* que a cualquier otra cosa que requiera nuestro tiempo y atención. Debemos amar a Dios más que a nada en este mundo, con toda la pasión y fuerza de la que seamos capaces. Cuando concentramos nuestros pensamientos y energía en las cosas que ha preparado para que hagamos y que son agradables a Él, demostramos este amor por Dios. Él quiere que llevemos a cabo la exhortación que Pablo le hizo a la gente de Filipos:

> Consideren bien todo lo verdadero, todo lo respetable, todo lo justo, todo lo puro, todo lo amable, todo lo digno de admiración, en fin, todo lo que sea excelente o merezca elogio. (Filipenses 4:8)

Para mostrarte de qué manera actúa esto, te contaré cómo es un típico día en mi vida cuando me concentro en cosas reverentes. En general, me levanto con una alabanza dando vueltas en mi cabeza y es probable que tararee unas cuantas líneas o incluso las cante a voz en cuello en la ducha. Mientras me preparo para el día, trato de lucir lo mejor posible para dar una buena impresión a la gente que encuentre. Cuando hago el desayuno, preparo a los chicos para la escuela, hago la lista del supermercado, le echo gasolina al auto y dejo cuentas en el correo, sirvo a mi familia. Cuando estoy en medio de mis responsabilidades en el trabajo, lo hago para extender el reino de Dios. Cuando le mando una nota a una compañera herida, envío un lindo correo electrónico a una amiga o llamo a una vecina para ver cómo está, lo hago para mantener relaciones saludables y positivas. Todos estos pensamientos y acciones son parte de una administración responsable. Lo hago en agradecimiento por la familia y los amigos que me ha dado Dios. ¿Pienso en Dios sin cesar durante el día? No; pero aun cuando pienso en todas las otras cosas que demandan mi atención, amo a Dios con todo mi corazón, alma y mente. Cuando demostramos una administración responsable de la vida que Él nos ha dado, nuestra vida es una prueba de amor.

DE REGRESO A LA BIBLIA

El único patrón confiable que podemos usar para medir nuestros pensamientos y determinar si son adecuados o no es la Palabra de Dios. Hebreos 4:12-13 dice:

> La palabra de Dios es viva y poderosa, y más cortante que cualquier espada de dos filos. Penetra hasta lo más profundo del alma y del espíritu, hasta la médula de los huesos, y *juzga los pensamientos* y las intenciones del corazón. Ninguna cosa creada escapa a la vista de Dios. Todo está al descubierto, expuesto a los ojos de aquel a quien hemos de rendir cuentas. (énfasis añadido)

Sin embargo, antes de que podamos determinar qué pensamientos eróticos o románticos son inaceptables a los ojos de Dios, sería bueno saber cuáles son los actos sexuales prohibidos en la Biblia. En el proceso de escritura de su libro *Intimate Issues* [Asuntos íntimos], Linda Dillow y Lorraine Pintus buscaron desde Génesis hasta Apocalipsis para descubrir todo lo que Dios dice acerca del comportamiento sexual. De acuerdo con su estudio, la Escritura prohíbe los siguientes actos sexuales:

1. *Fornicación*: relación sexual inmoral, que incluye relaciones sexuales fuera del matrimonio.

2. *Adulterio*: relaciones sexuales con alguien que no es tu cónyuge (Jesús amplió esta definición en Mateo 5:28 para incluir no solo actos físicos, sino también emocionales y mentales).

3. *Homosexualidad*: las prácticas sexuales con alguien del mismo sexo.

4. *Impureza*: la corrupción que tiene lugar al vivir un estilo de vida pagano

5. *Orgías*: involucrarse en relaciones sexuales con más de una persona a la vez.

6. *Prostitución*: recibir dinero a cambio de relaciones sexuales.

7. *Pasiones lascivas*: deseos sexuales descontrolados y sin límites que tienen lugar fuera del matrimonio.

8. *Sodomía*: relación sexual entre dos hombres (también puede interpretarse como relación sexual anal entre miembros del sexo opuesto).

9. *Obscenidades y bromas groseras*: comentarios sexuales inadecuados en público.

10. *Incesto*: relaciones sexuales con miembros de la familia[1].

Para los actos sexuales que no aparecen en la lista, Dillow y Pintus recomiendan que las mujeres se hagan tres preguntas para determinar si un acto sexual en particular es aceptable. Yo también recomiendo usar las mismas preguntas para determinar si ciertos pensamientos son aceptables. Las tres preguntas incluyen:

- *¿Está prohibido en la Biblia?* Si no lo está, podemos suponer que está permitido. «Todo me está permitido» (1 Corintios 6:12).

- *¿Es beneficioso?* ¿Esta práctica daña de alguna manera al esposo o a la esposa, o es un obstáculo en su relación sexual? Si es así, deberías rechazarla. «"Todo me está permitido", pero no todo es para mi bien» (1 Corintios 6:12).

- *¿Involucra a alguien más?* Dios solo autoriza la actividad sexual para esposo y esposa. Si una práctica sexual involucra a alguien más o se vuelve pública, está mal sobre la base de lo que dice Hebreos 13:4, cuando nos advierte que el lecho matrimonial tiene que ser sin mancilla[2].

Llevé a cabo mi propia encuesta, preguntando a las mujeres cuál era su fantasía más común o pensamiento sexual más recurrente. Aquí están algunas de las respuestas, así como también a qué altura se encuentran estos pensamientos si usamos nuestras tres preguntas de filtro:

- Ducharme con mi esposo. ¿Está prohibido en la Biblia? No. ¿Es beneficioso? Estoy segura de que tu esposo pensará que sí. ¿Involucra a alguien más? No. Este es un pensamiento que mejorará tu integridad sexual en lugar de ponerla en peligro.

- Cenar con Richard Gere a la luz de la vela. ¿Está prohibido en la Biblia? No. ¿Es beneficioso? No creo que a tu esposo le guste la idea, y tampoco te hace amarlo más. ¿Involucra a alguien más? Sí. Necesitas redirigir este pensamiento a terrenos más seguros, como por ejemplo, cenar en el mismo contexto, pero con tu esposo.

- Formar un trío con mi esposo y otra mujer. ¿Está prohibido en la Biblia? Sí. ¿Es beneficioso? No. ¿Involucra a alguien más? Sí. No hay duda de que este es un pensamiento peligroso que necesitas evitar siempre.

- Despertar en los brazos de mi esposo en un lugar tropical. ¿Está prohibido en la Biblia? Por supuesto que no. ¿Es beneficioso? Claro que sí. ¿Involucra a alguien más? No. Esta fantasía es buena y puedes seguir adelante con ella.

Podemos usar estas tres preguntas para filtrar nuestros pensamientos y fantasías, así como cualquier cosa a la que expongamos nuestra mente (televisión, películas, revistas, salas de charla y demás). Antes de presentar algunos ejemplos de cómo he filtrado este tipo de influencias, veamos cómo nuestros pensamientos logran debilitar nuestra integridad emocional.

DEBILITAMIENTO DE NUESTRAS DEFENSAS

Una vez vi cómo un orador llamaba a varios voluntarios de la audiencia al escenario para realizar un experimento acerca del poder de los pensamientos. Le pidió al grupo que pensara en lo mejor que les había sucedido en la vida. Luego de un momento, les dijo: «Ahora que tienen ese pensamiento bien plantado en su mente, quiero que estiren los brazos como si estuvieran haciendo una cruz con el cuerpo y los mantengan en esa posición, a pesar de la resistencia que yo les ponga para bajárselos».

El orador parecía ser bastante fuerte, pero aun así no logró vencer los brazos de ninguna de las personas en el escenario. Luego les dio un momento para reponerse y les dijo: «Ahora quiero que piensen en lo peor que les pasó en la vida, y que luego se pongan en la misma posición». Luego, el orador fue empujándole los brazos hacia abajo uno a uno. Tenía razón en lo que intentaba decir. Los pensamientos positivos nos dan fuerza, mientras que los negativos la agotan.

En forma parecida, los pensamientos acerca de nuestro esposo (ya sea que pensemos en él en forma negativa o positiva) y los pensamientos acerca de actividades o relaciones inadecuadas (ya sea que pensemos en resistir la tentación o entretengamos estos pensamientos y nos imaginemos en estas actividades) son capaces de fortalecer o debilitar nuestras defensas contra el compromiso sexual.

Recuerdo que hace muchos años vi una película donde un joven fantaseaba con una mujer extraña que se le acercaba de forma amorosa, y yendo directo al grano le quitaba los lentes de borde negro, le pasaba los dedos por el cabello, lo abrazaba con firmeza y lo besaba con pasión. A pesar de ser muy joven cuando vi esta escena, recuerdo que pensé: «Seguro, querido, sigue soñando. Las mujeres no actúan así».

Una mujer no camina hacia un hombre para besarlo y seducirlo sin razón alguna. Con todo, muchas mujeres lo han hecho luego de conocer a un hombre por algún tiempo y de haber entretenido fantasías como esta una y otra vez. Quizá han tanteado el terreno con un pequeño coqueteo aquí y allá para asegurarse de que él responda a sus avances. Incluso, hasta es posible que hayan ensayado el plan para ver si es infalible. Cuando una mujer se detiene demasiado en la posibilidad de involucrarse en esta clase de comportamiento negativo, su conducta puede eliminar sus fuerzas para resistir y puede hacer que sus defensas se desmoronen.

Por supuesto, la mayoría de las mujeres jamás actuaría de una manera tan descarada. Ya sea que las riendas más firmes sean el resultado de la modestia, del temor, de la indignación o de la inseguridad, muchas mantienen sus aventuras restringidas al campo de la mente. No obstante, cuando permiten que sus mentes prevean una aventura amorosa, o se imaginan en otras actividades y relaciones inadecuadas, preparan el terreno para que sus defensas se debiliten tanto que al final actúan de acuerdo a sus pensamientos. Te mostraré cómo sucede.

LOS PENSAMIENTOS EQUIVALEN A ENSAYO

Imagínate a una actriz que se prepara para representar una obra. Memoriza las líneas, se mete adentro de la cabeza del personaje y trata de imaginar cómo sentirá y actuará esta persona. Ensaya para ser esa persona. Piensa sin cesar en hacer lo que esa persona haría y en decir lo que esa persona diría, justo de la manera en que lo diría. Cuanto más haya ensayado ese personaje, más convincente y «automática» será su actuación.

Algo similar sucede cuando fantaseamos en el campo sexual o emocional con un comportamiento inadecuado o pecaminoso. Cuando pensamos en las conversaciones que tendríamos si alguna vez nos encontráramos a solas con un hombre en particular, cuando albergamos pensamientos relacionados con una cita íntima o deseamos que cierto hombre se fije en nosotras de manera especial, estamos ensayando. Cuando ensayamos estos guiones, imaginamos lo que diríamos y haríamos en estos encuentros. Luego, cuando Satanás te tiende la trampa y dirige a ese hombre hacia ti, ¿adivina qué sucede? Lo más probable es que representemos el papel del mismo modo que lo ensayamos. Cuando no cuidamos nuestras mentes en las relaciones con los hombres, debilitamos nuestra resistencia antes de que cualquier encuentro tenga lugar.

A pesar de eso, tenemos alguna decisión en el asunto. No tenemos que ser presas fáciles. Podemos preparar nuestras mentes para prestar atención.

PREPAREMOS NUESTRA MENTE PARA PRESTAR ATENCIÓN

Uno de mis dichos favoritos es: «No puedes impedir que los pájaros vuelen sobre tu cabeza, ¡pero sí puedes impedir que hagan nido en tu cabello!».

Aun cuando los pensamientos fuera de lugar saltan de manera inevitable a la mente de cualquier persona, no tenemos que darles albergue. Esos pensamientos no son pecados, pero acoger tales pensamientos en esencia es el ensayo para la rebelión, y actuar con tales pensamientos es pecado. No podemos impedir la tentación, pero podemos evitar los ensayos y, por cierto, podemos negarnos al pecado. Ninguna tentación se transforma en pecado sin que nosotros le demos permiso.

Entonces, ¿qué hacemos para impedir que los pájaros aniden en nuestro cabello? ¿Qué hacemos para no dar vueltas alrededor de pensamientos hasta el punto de «ensayarlos» en lugar de «rechazarlos»? Existen tres formas básicas y yo las llamo las Tres R:

- Resistir
- Redirigir
- Renovar

RESISTIR LA TENTACIÓN EN LA PUERTA

Cuando permitimos que nuestra mente se llene con imágenes de inmoralidad sexual o de comportamientos fuera de lugar, es como llenar nuestra mente de basura. Con el tiempo, la basura se pudre, echa a perder tu alma e infecta tu vida y las de quienes están más cerca de ti. Una de las principales maneras en que podemos evadir estas fantasías fuera de lugar y las malas conductas sexuales es resistiendo esas imágenes y pensamientos al limitar su acceso a nuestra mente. Para lograrlo, debemos controlar con mucho cuidado lo que leemos, lo que vemos y lo que escuchamos de forma habitual, pero una vez que logramos que la censura sea un hábito, se convertirá en algo natural.

La siguiente es una lista de convicciones personales que he incorporado a mi vida en cuanto a lo que miro y escucho, junto con las explicaciones que avalan estas decisiones. (Lograrás reconocer el filtro de las tres preguntas que mencioné antes). Estas convicciones me dan libertad para disfrutar de la vida sin exponerme a tentaciones que pudieran resultar abrumadoras. Espero que te estimulen a pensar de tal manera que puedas guardar también tu mente de la tentación.

- Evito mirar cualquier forma de pornografía. Creo que la Escritura lo prohíbe de acuerdo al punto 4 de la lista de *Asuntos Íntimos* de las prohibiciones sexuales (Impureza). No beneficia mi vida sexual e involucra a alguno fuera de mi matrimonio. No deseo que mi centro de atención deje de ser mi esposo y se vuelva hacia un extraño.

- Limito lo que veo en televisión y evito las telenovelas diurnas o nocturnas. No me benefician de ninguna manera y son una pérdida de tiempo. La Escritura prohíbe los guiones ilícitos que tienen estos programas. (Por lo general, involucran la relación sexual fuera del matrimonio). Si sé que hay un programa de televisión que me elevará el espíritu (el programa de Joyce Meyer, *Life in the Word* [Vida en la Palabra] es un favorito de todos los días), me siento a mirarlo, pero una vez que termina, también termina mi tiempo de televisión. Me levanto y prosigo con algo más productivo y beneficioso.

- No escucho música secular. Tengo muchos recuerdos eróticos que están ligados a canciones de mi pasado. Cuando estoy fuera de mi casa, alguna vez escucho una canción que me hace volver a un lugar, a un momento o a una relación en particular, que me trae recuerdos que preferiría olvidar. Es notable el poder que tiene la música en este sentido. Es por eso que hace más de diez años cambié la estación de radio que escuchaba casi siempre por una que no transmite otra cosa que no sea música cristiana contemporánea. Ahora, cuando escucho una canción cristiana del pasado, mi mente se transporta al lugar en el que me encontraba espiritualmente cuando la escuché por primera vez. Estas marcas espirituales musicales me recuerdan cuánto me ha hecho avanzar Dios. Con la amplia variedad de música de calidad que tenemos hoy en día, la música cristiana es tan entretenida (¡y mucho más edificante!) que cualquier otra que se encuentre en el mercado secular.

- He decidido no leer novelas románticas. Considero que las acaloradas novelas románticas son pornografía para las mujeres. (Las imágenes eróticas son mentales en lugar de ser visuales, lo cual es más atractivo para las mujeres).

Por lo general, exaltan la relación sexual fuera del matrimonio y pueden excitarnos sexualmente. También tengo cuidado con las novelas románticas cristianas si descubro que estoy comparando a mi esposo con el héroe de la historia y que estoy pensando en todas las características de Greg que no están a la altura de este personaje. Deseo proteger mi matrimonio al resistir cualquier pensamiento que evoque sentimientos de desilusión y de desencanto con la realidad.

- También soy muy selectiva con respecto a las revistas para mujeres que selecciono porque muchos de sus mensajes no me sirven de ayuda. Cuando leo páginas y páginas de anuncios que hablan de cómo ser más delgada y cómo parecerme a las modelos flacas como un lápiz que posan en ropa interior, me siento insatisfecha e infeliz con mi cuerpo. Luego de mirar todos los abdómenes lisos y firmes esparcidos por la revista, puedo deprimirme bastante al mirarme en el espejo (y ni qué hablar de permitirle a mi esposo el placer de mirarme desnuda). Sin embargo, cuando dejo de compararme con otras y valoro el cuerpo fuerte y saludable que Dios me dio, me siento mucho mejor con respecto a mi figura y me entrego con mayor libertad y alegría a mi esposo.

Si deseas convertirte en una mujer de integridad sexual y emocional, te insto a que le pidas a Dios que te ayude a crear tu propia lista de maneras en las que puedes guardar tu mente de la tentación sexual. Examina lo que permites que entre a tu mente a través de revistas, libros, películas, televisión, radio y la Internet.

Pregúntate:

- ¿Estas ideas o situaciones color de rosa se oponen a mis valores cristianos?

- ¿Me levantan el espíritu y me hacen estar agradecida a Dios por lo que me ha dado o me hacen sentir deprimida e insatisfecha?

- ¿Me hacen pensar en cosas que edifiquen mi carácter o lo destruyen?

Aquí permitas que a tu mente entren cosas que puedan distraerte de la devoción a Cristo y a las cosas que Él te ha llamado a hacer. Pablo les advirtió a los Corintios acerca de esta posibilidad cuando escribió:

> El celo que siento por ustedes proviene de Dios, pues los tengo prometidos a un solo esposo, que es Cristo, para presentárselos como una virgen pura. Pero me temo que, así como la serpiente con su astucia engañó a Eva, los pensamientos de ustedes sean desviados de un compromiso puro y sincero con Cristo. (2 Corintios 11:2-3)

A Pablo no le preocupaba que los corintios no pensaran en Dios las veinticuatro horas del día, los siete días de la semana. Lo que le preocupaba era que aquellas cosas en las que pensaban los condujeran en un rumbo opuesto al de Dios. ¿Las cosas con las que llenas tu mente te conducen *hacia* Dios o te llevan en dirección *opuesta*?

Sé sincera contigo misma y con Dios. Solo Él sabe lo que es mejor para ti. Pídele que enfoque su reflector de verdad hacia tu mente y corazón y te muestre lo que puedes hacer para que tu mente sea más resistente incluso en el momento en que la tentación aparezca por primera vez.

Además de controlar lo que permites que entre a tu mente, puedes ensayar mentalmente respuestas rectas a las tentaciones. Por ejemplo, en cualquier momento que tengas pensamientos fuera de lugar con respecto a alguien o sospeches que ese hombre quizá venga en dirección a ti, imagina que, en lugar de ceder y dejarte arrastrar como los personajes de las novelas románticas, te plantas y rechazas sus avances. Imagina que cortas su interés de raíz. Hasta puedes practicar lo que le dirías como respuesta a su avance para comunicarle, sin que quede ni una sombra de duda, que no eres una mujer que se presta a jugueteos o alguien con necesidades emocionales que se aferra a cualquiera que la trata con afecto.

Aquí tenemos algunos ejemplos de cómo las mujeres han practicado las respuestas justas a las tentaciones sexuales y emocionales de manera que pudieron representar el papel de la perfección cuando el reflector se posó sobre ellas:

- A Jana le parece que su nuevo vecino divorciado es muy atractivo, pero quiere asegurarse que nunca suceda nada fuera de lugar entre ellos. Se le ha ocurrido que tal vez venga algún día cuando su esposo no está en casa. En lugar de imaginar la posibilidad de entablar una conversación privada con él, Jana ensaya su línea de defensa: «Mi esposo regresa después de las cinco de la tarde. ¿Por qué no vuelve luego y conversamos los tres?»; de esta manera le responderá si alguna vez se aparece en su puerta.

- Cuando un compañero de trabajo guapo y soltero le ha pedido que se encuentren en privado para tratar algunos asuntos que afectan al personal de oficina, Donna hubiera podido albergar pensamientos románticos. Entonces, como profesional ética y mujer de integridad que es, ha ensayado tales situaciones. Para resguardarse en contra de cualquier posibilidad de un comportamiento fuera de lugar, Donna responde: «Cuando le notifiques a mi secretaria que programe una reunión, dile que reserve la sala de conferencias». (Como esa sala tiene ventanas por todos lados, puede escuchar en privado las quejas que tiene sin que los dos estén aislados del resto de la gente).

- En el lugar en que trabaja como higienista bucal, hay un paciente atractivo que es extremadamente amigable con Linda cada vez que viene. Ella sabe que debe mantenerlo a raya y se imagina cómo lo cortará cuando haga comentarios fuera de lugar. Un día, lo vio venir hacia su escritorio luego de que le habían hecho un arreglo y, tal como lo esperaba, hizo su avance. Se puso la mano sobre la mejilla dolorida y dijo: «Mi madre siempre me daba un beso donde me dolía», y se inclinó cerca de Linda. Sin vacilar, ella respondió: «Bueno, no soy tu madre. Cuando regreses a casa, tal vez ella te dé un beso».

La práctica nos viene de perilla. A estas mujeres, el ensayo de sus líneas de defensa les permitió resistir la tentación en la puerta. Si practicas tu línea de resistencia, también obtendrás la victoria frente a la tentación.

LA REDIRECCIÓN DE LOS PENSAMIENTOS QUE TE TIENTAN

Por más que intentes impedir que los pensamientos tentadores entren a través de la puerta de tu mente, de igual modo algunos se deslizarán por abajo. La vida misma nos trae tentaciones. El día en el que dejas de sentir tentaciones no es el día en que dejas de leer novelas románticas ni dejas de mirar películas prohibidas, ni es el día en el que te pones un anillo de bodas en el dedo, ni el día en el que ayunas y oras durante doce horas seguidas. El día que dejas de experimentar la tentación es el día en el que mueres.

La tentación viene de la mano de la condición del ser humano, y tú no eres la excepción a esa regla. Por ejemplo, tal vez un jefe atractivo te hace pensar en cómo sería sentarse en su regazo para tomar nota de sus dictados. A lo mejor un orador apasionado conmueve tu espíritu y piensas por un momento en lo fascinante que sería escudriñar su cerebro durante un almuerzo en privado. Algunas veces, un amigo atractivo te hace desear haberlo conocido antes de haberte comprometido con otra persona.

Repito, no pecas cuando estos pensamientos asaltan tu mente; no son más que tentaciones molestas. Todas las personas del planeta los experimentan alguna vez. Como mencioné antes, la Escritura nos dice que Jesús fue tentado. También nos dice que no se halló pecado en Él.

Porque no tenemos un sumo sacerdote incapaz de compadecerse de nuestras debilidades, sino uno que ha sido tentado en todo de la misma manera que nosotros, aunque sin pecado. Así que acerquémonos confiadamente al trono de la gracia para recibir misericordia y hallar la gracia que nos ayude en el momento que más la necesitemos. (Hebreos 4:15-16)

Jesús comprende lo que es sentirse tentado. Él también fue humano. Soportó la clase de tentaciones que nosotros experimentamos, pero no sucumbió ante ninguna de ellas. Como el Espíritu Santo vive dentro de nosotros, podemos tener la misma victoria si aprendemos a resistir la tentación al redirigir nuestros pensamientos.

Tal vez pienses: *Pero acabas de decir que no puedo elegir qué pensamientos entran en mi mente*. Tienes razón. No puedes evitar que tu mente tenga pensamientos errantes, fuera de lugar; pero puedes evitar que hagan nido en tu cabeza y puedes impedirte a ti misma dar vueltas alrededor de ellos.

A decir verdad, es lo que haces todo el tiempo. Por ejemplo, cuando llegas a un restaurante estilo bufé sin restricciones, puedes decidir no pensar en los diez kilos que tratas de perder como para satisfacer tanto tu apetito como tus deseos golosos, ¿no es así? Quizá te distraigas con una conversación telefónica con una amiga en tanto que tienes una lista de tareas para hacer de medio kilómetro de largo. ¿Tratas de no pensar en el montón de ropa sucia que tienes en el sótano cuando surge la oportunidad de salir a comprar ropa nueva? Claro que lo haces. De continuo tomamos decisiones en cuanto a albergar o descartar pensamientos. También podemos darle lugar a ciertas ideas o podemos obviarlas, y las tentaciones sexuales o los anhelos emocionales no son la excepción a la regla.

Entonces, ¿qué hacemos cuando nos encontramos cara a cara con la tentación?

- En lugar de mirar de arriba abajo a un hombre atractivo (los hombres no son los únicos que deben controlar su mirada de vez en cuando, ¿no es así?), evita la segunda mirada y solo di para ti: «¡Gracias, Señor, por tu asombrosa creación!». La idolatría es torcer la atención del Creador a su creación. Cuando te llama la atención una creación hermosa, sencillamente dale la gloria al Creador y sigue adelante.

- Medita en versículos que hayas memorizado para mantenerte concentrada en lo que debes. Uno de mis favoritos que me ayuda a vencer la tentación es Apocalipsis 3:21 (RV-60): «[A la] que venciere le daré que se siente conmigo en mi trono, así como yo he vencido, y me he sentado con mi Padre en su trono».

- Canta una canción en tu mente que te ayude a resistir la tentación. «Run Away» [Huye] de Steven Curtis Chapman y «Walk on By» [Sigue de largo] de Susan Ashton son dos canciones que mantengo en la reserva mental. Muchas veces, a través de los años, han salvado mi vida mental de tomar un giro descendente.

- Ora por la esposa de él. Si no tiene una, ora por la que tendrá algún día. O bien ora por tu esposo o por el que tendrás algún día. Hazte un recordatorio de que albergar pensamientos románticos o eróticos sobre esta persona es adulterio mental, y agradece a Dios porque con su ayuda puedes mantener puros tu corazón y tu mente.

- Por último, como le escuché decir a Elisabeth Elliot en su programa de radio, *Gateway to Joy* [La entrada al gozo], cuando te encuentres cara a cara con la tentación solo *sigue con la próxima cosa que tienes que hacer*. ¿Estabas de camino al trabajo cuando te encontraste con este delicado espécimen? Entonces, no te demores. Ve a trabajar. ¿Ibas a reunirte con una amiga para almorzar? No la hagas esperar. Ve. Si deseas permanecer en el camino de la justicia, no te permitas quedar rezagada por un hombre atractivo si se trata de una relación a la que no le debes dar lugar.

¿Cuál es tu estrategia para redirigir los pensamientos que te tientan? ¿Cómo responderás cuando ese pájaro revolotee sobre tu cabeza? ¿Lo espantarás o le permitirás que haga nido en tus cabellos?

LA RENOVACIÓN DE TU MENTE

Una vez que comiences a detener a las tentaciones en la puerta y empieces a practicar la manera de redirigir los pensamientos que te tientan, estarás lista para comenzar el proceso de renovación de tu mente, que en esencia quiere decir poner cosas nuevas en el cerebro de manera tal que tengas mejores cosas en qué pensar y en qué meditar. Esto es crucial en tus planes de batalla si deseas convertirte en una mujer de integridad sexual y emocional.

Pablo habla de este proceso en Romanos 12:1-2:

> Por lo tanto, hermanos, tomando en cuenta la misericordia de Dios, les ruego que cada uno de ustedes, en adoración espiritual, ofrezca su cuerpo como sacrificio vivo, santo y agradable a Dios. No se amolden al mundo actual, sino sean transformados mediante la renovación de su mente. Así podrán comprobar cuál es la voluntad de Dios, buena, agradable y perfecta.

No debemos utilizar nuestros cuerpos para satisfacer nuestros propios deseos egoístas; son instrumentos a través de los cuales Dios puede hacer su obra poderosa. A fin de prepararnos para este proceso, debemos resistir lo que el mundo trata de poner en nuestra mente y debemos mantener la entrada de un fresco flujo de mensajes piadosos. Así sabremos qué quiere hacer Dios por medio de nosotros porque entonces su voz suave y delicada no la apagará el ruido ensordecedor de un mundo impío.

El correo electrónico de Susan es un ejemplo clásico de cómo podemos detener a la tentación en la puerta, redirigir nuestros pensamientos y renovar nuestras mentes:

Cuando tenía trece años, tropecé con una película en un canal para adultos mientras le cuidaba los niños a una familia amiga. Sabía que estaba mal mirar, pero me sentía tan excitada que comencé a masturbarme y seguí haciéndolo cada vez que cuidaba a los niños, luego de llevarlos a la cama. La primera vez que traté de masturbarme en mi casa sin mirar este canal, me sorprendí al ver que todo lo que tenía que hacer era cerrar los ojos y revivir cualquier escena que seleccionara mentalmente. La recordaba con todos los detalles.

Cuando me fui a la universidad, el hábito de la masturbación y la fantasía me consumían por completo. Al no tener acceso a un canal de televisión, robé algunas revistas pornográficas y las escondí debajo de la alfombra del maletero de mi auto. Al menos una o dos veces a la semana conducía hasta un lugar apartado, sacaba mis revistas y me masturbaba en el auto.

Incluso después de casarme, solía sacar un par de mis revistas favoritas y un vídeo que mantenía escondidos de mi esposo y me masturbaba mientras él estaba en el trabajo. Esto siguió así durante un par de años hasta que tuve mi primer hijo. Cuando comencé a transformar la casa a prueba de bebés y a tomar precauciones especiales para mantener las cosas peligrosas fuera del alcance, me sobresaltó la idea de que algún día mi hijo encontrara mi escondite secreto. Oré al respecto y le pedí a Dios que me diera dos cosas: (1) una señal clara de que debía librarme de estas cosas, y (2) la fuerza para resistir la tentación de reponerlas una vez que las desechara.

Al día siguiente, estaba hojeando mi Biblia y me encontré con este pasaje:

Con respecto a la vida que antes llevaban, se les enseñó que debían quitarse el ropaje de la vieja naturaleza, la cual está corrompida por los deseos engañosos; ser renovados en la actitud de su mente; y ponerse el ropaje de la nueva naturaleza, creada a imagen de Dios, en verdadera justicia y santidad. (Efesios 4:22-24)

Esto era una señal. Lo eliminé todo y prometí solemnemente no consentirme más en cuanto a la gratificación propia. Solía permitirme esta práctica cuando el bebé dormía su siesta, así que tuve que crear un nuevo ritual. No solo leía la Biblia, sino que estudiaba pasajes de la Escritura y meditaba en ellos. Comencé a escribir un diario en el cual anotaba lo que me parecía que el Señor me quería enseñar. Oraba por cosas que nunca antes me había tomado el tiempo para orar. Compré algunas tarjetas y les envié notas a las personas que Dios ponía en mi corazón durante el tiempo de oración. Si me quedaba algo de tiempo libre, ponía música de adoración suave y hacía algunos ejercicios de estiramiento o arreglaba la casa. No podía creer con qué rapidez pasaban las horas y cuánto anhelaba que llegara este tiempo especial y cuánto lo disfrutaba.

Susan descubrió el secreto de vivir una vida de victoria: *El pecado te impedirá leer la Biblia o la Biblia te impedirá pecar.*

Por supuesto, la lectura e incluso el estudio de la Biblia no te impedirán pecar. (Y si no, mira a todos los pastores que son eruditos de la Biblia y, sin embargo, se han enredado en pecados sexuales). Debemos *asimilar* y *aplicar* lo que dice la Biblia. Renovar la mente quiere decir traer pensamientos frescos y vivos a ella, además de mantener a raya los pensamientos viejos y decadentes. Aunque no es humanamente posible vaciar la mente de basura, es posible amontonar esta basura afuera al llenar la mente de pensamientos puros. Tu mente solo puede concentrarse en cierta cantidad de cosas a la vez, y cuanto más te concentras en pensamientos saludables, los que no son saludables tendrán que ocupar los asientos de atrás. Algunas de las cosas a las que podemos recurrir para que nos ayuden a renovar nuestra mente son:

- versículos para memorizar
- libros que hablen de la vida cristiana
- música de alabanza y adoración
- películas y programas de televisión basados en valores
- libros devocionales
- revistas cristianas
- diarios de oración
- conversaciones con otros cristianos

Tal vez tú puedas añadir a esta lista otras maneras de mantener tu mente llena de mensajes piadosos que te ayudarán a amontonar afuera los mensajes pecaminosos.

Al resistir la tentación en la puerta, redirigir los pensamientos que nos tientan y renovar nuestras mentes, logramos desarrollar una actitud como la que tenía David cuando pedía: «Examíname, oh Dios, y sondea mi corazón; ponme a prueba y sondea mis pensamientos. Fíjate si voy por mal camino, y guíame por el camino eterno» (Salmo 139:23-24).

A medida que te sumerjas en las cosas de Dios y profundices tu caminar espiritual con Él, obtendrás poder sobre tu mente y crecerás fuerte espiritualmente. Las cosas que antes te tentaban palidecerán en comparación con el gozo de caminar en obediencia y con la dulce comunión con Cristo de la que disfrutarás.

En el vídeo *No More Sheets* [No más sábanas], Juanita Bynum cuenta su experiencia de volver a caer en la tentación sexual. Juanita explica la importancia de «profundizar tanto en las cosas de Dios como lo hacías en las cosas del mundo», no solo por un tiempo, sino para toda la vida. Tuvo que decirles a algunos amigos: «No puedo hacer lo que ustedes hacen... No puedo ir dónde ustedes van... Quiero ser libre [de la inmoralidad sexual] y quiero permanecer en libertad».

Tal vez algunas personas piensen que eres legalista por no ver una película prohibida para menores. Tal vez a tu amiga no le guste ni pizca que hayas dejado de grabarle la novela mientras ella está en el trabajo. Es posible que tus amigas piensen que te has quedado un poco atrás en el tiempo al no salir con ellas y frecuentar lugares para solteros. A lo mejor tus compañeras que van contigo en el auto piensan que te has vuelto demasiado espiritual porque lo único que escuchas es música cristiana mientras conduces. Sin embargo, ¿sabes qué se hará evidente en tu vida? Que eres una mujer de convicción y que vives de acuerdo con esas convicciones. Los demás verán que tus acciones respaldan tus palabras y que piensas con sumo cuidado en la clase de mujer que deseas ser. Y si alguna vez se dan cuenta de que su estilo de vida no les trae la satisfacción que anhelan, ¿a que no sabes a quién recurrirán en busca de un consejo sabio? Adivinaste: ¡a la mujer que saben que les puede enseñar a llevar cautivo todo pensamiento y a vivir una vida de victoria!

Él guardará en perfecta paz a cuantos confían en Él, y cuyos pensamientos buscan a menudo al Señor.

Isaías 26:3, LBD

6

Cuida tu corazón

Con toda diligencia guarda tu corazón, porque de él brotan los manantiales de la vida.

PROVERBIOS 4:23, LBLA

Una vez cometí el error de poner un par de pantalones de mi hijo en la lavadora y en la secadora junto con otras prendas de ropa. ¿Cuál fue el problema? En lugar de tener cremalleras, broches a presión o botones, la bragueta de estos pantalones se cerraba con una tira de velcro. Como no protegí al resto de la ropa cerrando la solapa de velcro, arruiné una blusa de seda, un par de medias largas y otras prendas de ropa al tratar de arrancarlas de la feroz garra del velcro.

Nuestros corazones pueden ser iguales a esa tira de velcro. Si los dejamos sin protección, hacemos que les resulte fácil quedarse pegados a cualquiera que nos parezca atractivo. Es por eso que para las mujeres no es suficiente guardar nuestras mentes y nuestros cuerpos de la tentación sexual. También debemos guardar nuestros corazones de relaciones prohibidas o fuera de lugar.

Mientras que la necesidad de amar y de sentirse amada es un grito universal del corazón, el problema yace en dónde buscamos ese amor. Si no recibimos el amor que necesitamos o que queremos de un hombre, estemos casadas o no, es probable que sigamos buscándolo. Algunas buscan en los bares y otras en las oficinas de trabajo. Algunas buscan en las universidades y otras en las iglesias. Algunas buscan en amistades masculinas en tanto que otras buscan en las fantasías. Cuando el amor las esquiva, algunas procuran remediar el dolor de la soledad o del rechazo.

Algunas buscan refugio en la comida; otras en las relaciones sexuales con cualquier compañero que esté disponible. Algunas se vuelcan a las telenovelas; otras a las compras; y otras a la gratificación propia.

Si has probado estas avenidas durante mucho tiempo, es probable que hayas llegado a un callejón sin salida. La búsqueda te ha dejado con el anhelo de algo mayor, más profundo, de algo más. Si esta ha sido tu historia, tengo buenas noticias que darte. Dios tiene un camino mejor. Puedes buscar relaciones saludables y de amor a la vez que guardas tu corazón. Puedes hallar satisfacción con tu esposo y puedes proteger tu corazón contra las aventuras amorosas. En este capítulo, descubriremos:

- lo que Dios dice acerca del corazón y por qué debes guardarlo.

- cómo darte cuenta cuando estás a punto de caer en relaciones indebidas y qué hacer al respecto.

- dónde descubrir el amor que anhela tu corazón.

VAYAMOS AL CORAZÓN DEL ASUNTO

Dios nos dijo que guardemos nuestro corazón antes que cualquier otra cosa: antes que nuestra vida, nuestra fe, nuestro matrimonio, nuestra billetera o cualquier otra cosa que nos resulte querida. En Proverbios nos dice: «Con toda diligencia guarda tu corazón, porque de él brotan los manantiales de la vida» (4:23, LBLA). ¿Por qué es tan importante para Dios que guardemos nuestro corazón?

Creo que la respuesta se encuentra en la palabra *manantiales*, que también se puede interpretar como «fuente». El corazón es la fuente de la vida. Cuando Dios nos creó, hizo que nuestro corazón fuera una parte central tanto en lo físico, como en lo espiritual y emocional.

En el aspecto físico, el corazón se encuentra en el centro de tu sistema circulatorio. Bombea sangre oxigenada por todo el cuerpo. Si hay problemas dentro del corazón, todo tu cuerpo está en peligro de perder el torrente sanguíneo dador de vida. En lo espiritual, el corazón es el lugar donde mora el Espíritu Santo cuando lo invitas a venir a tu vida (Efesios 3:16-17). No solo recibes la salvación a través del conocimiento mental de Dios, sino a través de la creencia de tu corazón de que Jesucristo es el Señor (Romanos 10:9-10). En lo emocional, tu corazón salta de gozo cuando encuentras deleite en algo o en alguien. También se duele cuando experimentas una desilusión o la pérdida de algo o de alguien especial.

El corazón es, en sentido literal y figurado, el centro de todo lo que eres y de todo lo que experimentas en la vida, así que cuando Dios dice que lo guardes con toda diligencia, te dice: «Protege la fuente de tu vida: la fuente física, espiritual y emocional de tu bienestar». Así como un lago no será puro si su fuente no es pura, tampoco nuestras palabras, nuestros pensamientos y nuestras acciones serán puros si nuestro corazón no lo es. La pureza comienza en el corazón. Me gusta como lo expresa la versión *The Message*:

> Ustedes conocen muy el siguiente mandamiento: «No se acuesten con el cónyuge ajeno». Aun así, no crean que resguardaron su virtud solo por mantenerse alejados de la cama. Su *corazón* se puede corromper por la lujuria aun con mayor rapidez que su *cuerpo*. Esas miradas lascivas [o pensamientos] que te parece que nadie advierte, también son corruptas. (Mateo 5:27-28, énfasis añadido)[1]

No cabe duda de que tu corazón debe constituir una preocupación principal si esperas ser una mujer de integridad sexual y emocional. Una cosa es determinar cuándo hemos llegado demasiado lejos en el aspecto *físico* en una relación extramatrimonial, pero otra es responder cuándo llegamos demasiado lejos en el aspecto *emocional*. ¿Cuáles son los límites emocionales? Para ayudar a las mujeres a comprender mejor dónde se encuentran estos límites en las relaciones con el sexo opuesto, desarrollé los siguientes modelos: uno para mujeres solteras y otro para casadas. (Véase la Figura 6.1).

IDENTIFIQUEMOS LOS NIVELES VERDE, AMARILLO Y ROJO DE CONEXIÓN EMOCIONAL

Estos modelos te ayudarán a identificar cinco niveles de conexión emocional: (1) la atención, (2) la atracción, (3) el afecto, (4) la excitación y el apego, y (5) las aventuras y la adicción. Una vez que aprendas a identificar estos niveles, puedes saber con confianza hasta dónde permites que vaya tu corazón (representado por el nivel de la luz verde), cuándo debes proceder con gran precaución (el nivel de la luz amarilla) y cuándo debes detenerte y correr en dirección opuesta (el nivel de la luz roja).

Aunque Dios desea que disfrutemos de nuestras conexiones emocionales, no quiere que crucemos la línea para pasar a un nivel que socave nuestra integridad sexual y emocional. Veamos más de cerca cada uno de estos niveles.

EL NIVEL DE LUZ VERDE PARA LA CONEXIÓN EMOCIONAL

Atención

Todas hemos tenido uno de esos momentos en los que algún muchacho atrapa nuestra atención por una razón u otra. Tal vez te das cuenta de que hay un hombre atractivo en el auto que se encuentra al lado del tuyo en una intersección, o a lo mejor te llamó la atención uno que camina con pasos largos por la calle. Es probable que hasta hayas experimentado cierta culpa por haberte fijado en ellos, en especial si estás casada.

¿Deberías preocuparte si un hombre atractivo te llama la atención? De ninguna manera. ¿Fuiste en contra de la Escritura o roto algún voto? No. ¿Dejas de guardar tu corazón solo porque te diste cuenta de que alguien es atractivo a los ojos? No. Puedes descansar tranquila en el hecho de que tus ojos funcionan muy bien, y solo puedes agradecerle a Dios por haber creado semejantes obras de arte.

La atención se basa en lo que vemos, en tanto que la atracción se basa en lo que escuchamos. Es por eso que no creo en el amor a primera vista. Es solo atención a primera vista. Tal vez hayas tenido la experiencia de fijarte en un hombre increíblemente apuesto, y luego lo escuchas cuando abre su boca y le grita a los niños, hace alarde de su éxito, o se queja por algo o por alguno

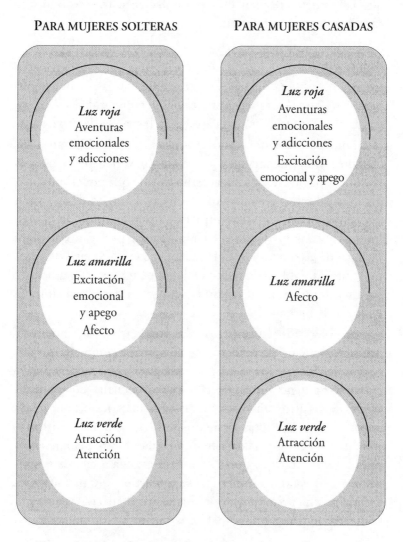

PARA MUJERES SOLTERAS

Luz roja
Aventuras
emocionales
y adicciones

Luz amarilla
Excitación
emocional
y apego
Afecto

Luz verde
Atracción
Atención

PARA MUJERES CASADAS

Luz roja
Aventuras
emocionales
y adicciones
Excitación
emocional y apego

Luz amarilla
Afecto

Luz verde
Atracción
Atención

Figura 6.1: Identificación de los niveles verde, amarillo y rojo de conexión emocional

de una manera despectiva. ¿Te sientes atraída? No. Por más hermoso que sea, es probable que sientas repulsión. Captó tu atención, pero no sentiste atracción. Por otra parte, una mujer puede conocer a un hombre muy común (hablando desde el punto de vista físico) y a lo mejor le presta muy poca atención, pero luego de hablar con él le resulta muy atractivo. Esto se debe a que las mujeres reciben más estimulación a través de lo que escuchan que de lo que ven.

Atracción

En este nivel, te familiarizas lo suficiente con la persona como para saber que te atrae, pero no tienes la familiaridad suficiente como para actuar de manera afectuosa hacia esa persona.

Tanto la atención como la atracción no se limitan a los hombres, sino que incluyen a una amplia variedad de cosas: la clase de ropa que nos gusta, el estilo de casa que preferimos y las distintas comidas que nos vuelven locas. El grado de atracción que sentimos por algo determinará si nos gusta o no. Es el mismo mecanismo mediante el cual sabemos si preferimos la playa en lugar de las montañas. Es la misma razón por la cual tenemos un gatito adorable y suavecito en lugar de un perrito bullicioso. La atracción determina nuestra inclinación hacia una sinfonía en lugar de un ballet.

También nos sentimos atraídas a cierta clase de mujeres y niños. A lo mejor, prefieres que tu hijo esté en compañía de cierto compañerito de juego. Es probable que descubras que prefieres invitar a jugar a un niño con mayor frecuencia que a cualquiera de los otros amigos de tu hijo. Hasta es posible que te des cuenta de que te estás pasando de la raya porque disfrutas mucho de la compañía de este niño. Cuando vas a la iglesia o a reuniones de trabajo, quizá te sientas atraída a ciertos individuos y a otros no. La mujer que se convirtió en tu mejor amiga es, tal vez, una persona a la que corres cuando necesitas un abrazo o cuando tienes una muy buena noticia que contar. En una relación atravesamos por todas estas formalidades y emociones porque nos sentimos atraídos a esa persona.

La sociedad ha torcido nuestra mente haciéndonos pensar que si nos sentimos atraídas hacia alguno, sin duda deseamos tener relaciones sexuales con él. Sin embargo, la atracción no es necesariamente sexual. Muchos de mis amigos y compañeros de trabajo me resultan atractivos, pero no tengo ni la más mínima tentación de tener relaciones sexuales ni aventuras emocionales con ellos.

¿Por qué sentimos apego hacia algunas personas y hacia otras no? Las razones varían de una persona a otra y muchas veces se basan en las experiencias que tuviste cuando crecías. Por ejemplo, una vez sentí una fuerte atracción hacia un amigo de la familia. No pude entender por qué hasta que supe de la terapia *imago*, la cual enseña que ciertas personas simplemente «encajan en tu molde» y el molde de cada persona es diferente. Es por eso que a lo mejor escuchas a una amiga que se llena la boca hablando de su novio y luego, cuando lo conoces, piensas: *¿Qué le ve?* Encaja en su molde y no encaja en el tuyo.

Al entender más acerca de mi propio molde en particular, me di cuenta de que este amigo de la familia se parecía mucho a mi hermano y actuaba de una manera muy similar a la de mi padre. Por supuesto, encajaba en mi molde. Tal vez, hace muchos años me hubiera aterrorizado frente a la posibilidad de caer en una aventura emocional con él porque lo encontraba atractivo, pero he vivido lo suficiente como para saber que la atracción forma parte del ser humano. Sencillamente ejerzo la precaución al seguir controlando mis motivaciones y sentimientos hacia esa persona.

EL NIVEL DE LA LUZ AMARILLA DE CONEXIÓN EMOCIONAL

Afecto

Cuando conoces a la gente lo bastante bien como para discernir que te atraen, puedes sentir la necesidad de expresarles tus sentimientos al mostrarles afecto o al dar demostraciones de tu favor hacia ellos. Las señales de afecto pueden ser algo tangible, como por ejemplo un regalito o una nota amable. Puedes expresar tu afecto al hacer algo que beneficie a la persona, como ayudarlo a realizar una tarea difícil u ofrecerte a hacer alguna diligencia. El afecto se puede expresar de manera verbal, al hacerle un cumplido sincero a alguien o al confiarle algo íntimo a un amigo de confianza. Mostramos nuestro afecto al tomarnos tiempo para salir a caminar o al ir al cine con el objeto de nuestro afecto. Las expresiones de afecto más comunes son una palmada en la espalda, una caricia suave, un abrazo o un beso. (Por supuesto, el afecto puede progresar hacia actos de mayor intimidad sexual).

Gary Chapman discute cada una de estas formas de afecto en su libro *Los cinco lenguajes del amor*, y allí separa a estas expresiones en cinco «lenguajes» que se pueden utilizar no solo con los cónyuges, sino también con los amigos y los hijos: los regalos, los actos de servicio, las palabras de afirmación, el tiempo de calidad y el toque físico.

Como mujer casada, tienes la libertad de demostrarle todo el afecto que quieras al hombre con el cual estás casada, ¿pero y a los demás? ¿Cuándo es apropiado expresarle afecto a otro hombre y cuándo no? ¿Cómo reconoces la diferencia? ¿Dónde trazas la línea?

Aunque no puedo proporcionar una lista exacta de lo que se puede y lo que no, te sugiero maneras para controlar tu corazón en este asunto. En oración, hazte estas preguntas antes de decidirte a expresarle afecto a un hombre que no sea tu esposo:

- ¿Cuál es mi motivación para manifestar esta expresión de afecto? ¿Es apropiada?

- ¿Intento mostrar un genuino aprecio por este individuo o tengo algún motivo oculto?

- ¿Uso el afecto para arrastrar a esta persona a una relación más profunda?

- ¿Esta expresión se puede malinterpretar de tal manera que este hombre se confunda, se sienta tentado o sospeche de mis motivaciones?

- ¿Me importa si mi esposo se entera de esta expresión de afecto?

Si le pediste a Dios que revele tus motivaciones, contestaste con sinceridad cada una de estas preguntas y tienes un corazón limpio, es probable que no haya problema en que le expreses tu afecto a esta persona. No obstante, si tus motivaciones son cuestionables, no le muestres tu afecto. Sencillamente trátalo de una manera normal, amigable y no le expreses ningún trato preferencial. Si descubres que no puedes limitar a lo dicho antes tu interacción cuando te encuentras en presencia de esta persona, eso debería constituir una bandera roja. Busca a una amiga a la cual puedas rendirle cuentas a fin de que proteja tu corazón contra las concesiones y trata de mantenerte lo más lejos posible de esta persona hasta que te sientas más en control de tus emociones.

Si eres soltera, es probable que discernir dónde trazar la línea sea aun más confuso. Si estás interesada en una relación satisfactoria en potencia con alguien, deseas parecer franca sin dar la impresión de estar desesperada. Si no te interesa una relación romántica con esta persona, no querrás enviarle señales que indiquen lo contrario. Y ya sea que estés o no interesada en una relación seria, no deseas expresar afecto de ninguna manera que sea sexualmente provocativa. Por lo tanto, aquí tenemos algunas preguntas que una soltera debiera hacerse antes de expresarle afecto a un hombre:

- ¿Esta persona está libre? ¿Hay alguna otra «mujer significativa» en su vida que pudiera sentirse preocupada por la manera en que le expreso mi afecto?

- ¿Mi expresión de afecto se corresponde con el nivel general de mi relación con esta persona?

- ¿Siento que este hombre tiene sentimientos personales hacia mí que no coinciden con lo que yo siento por él? Si es así, ¿las señales de afecto pueden darle la impresión de que estoy interesada en algo más que una amistad cuando, en realidad, no lo estoy?

- ¿Esta expresión de afecto se puede interpretar como seductora o refleja de verdad un carácter piadoso a los ojos de Dios?

Si luego de orar y hacerte con sinceridad estas preguntas tienes una conciencia limpia, siéntete en libertad para expresarle tu afecto a esta persona de una manera apropiada. Aun así, sé sabia si percibes que tu corazón se acerca a este siguiente nivel de conexión emocional.

Excitación emocional y apego

Dios nos ha dado los tres niveles anteriores (*atención*, *atracción* y *afecto*) para que tanto las mujeres solteras como casadas disfrutemos de una amplia variedad de relaciones apropiadas, pero debemos tener un agudo discernimiento en este nivel. En tanto que la excitación física es fácil de detectar, la emocional puede ser tramposa, difícil de reconocer y aun más difícil de controlar. La excitación emocional tiene lugar cuando nos sentimos atraídas hacia alguien en el sentido romántico y, por lo general, precede a la actividad sexual porque nuestro corazón determina la dirección de nuestra mente y nuestro cuerpo.

Si eres soltera y esperas desarrollar una relación seria con un hombre interesante y que está disponible, la excitación emocional y el apego son cosas naturales, una parte adecuada del proceso de noviazgo. A medida que progresas rumbo al altar, es más que probable que te sientas locamente excitada ante el pensamiento de convertirte en la esposa de este hombre. No es pecado sentir que el hombre al cual esperas entregar tu vida excita tus emociones.

No obstante, si estás casada, los sentimientos de excitación emocional y apego hacia otro hombre son señales seguras de que será mejor que te detengas antes de chocar.

El nivel de la luz roja de conexión emocional

El único hombre que debiera excitar las emociones de una mujer casada es su esposo. Si estás casada y te permites sentir excitación emocional o apego por otro hombre, te pones en una situación comprometedora y hasta te expones al pecado sexual.

- ¿Cómo determinas la diferencia entre atracción, afecto y excitación emocional y apego hacia un hombre? Aquí tienes algunas preguntas para hacerte y así evaluar si, como mujer casada, te encuentras en terreno peligroso:

- ¿Piensas con frecuencia en este hombre (varias veces al día) aunque no esté cerca de ti?

- ¿Eliges tu atuendo diario de acuerdo a si lo verás o no?

- ¿Te apartas de tu camino a fin de toparte con él, con la esperanza de que se fije en ti?

- ¿Buscas excusas para llamarlo por teléfono y escuchar su voz?

- ¿Encuentras razones para enviarle correos electrónicos y esperas con ansias su respuesta?

- ¿Te preguntas si sentirá alguna clase de atracción hacia ti?

- ¿Deseas conversar o estar a solas con esta persona, fuera del alcance de los ojos o los oídos de los demás?

Si la respuesta a cualquiera de estas preguntas es sí, debes detenerte y correr en la dirección opuesta hasta que tus emociones sean más estables. Si no le has comunicado tus sentimientos a este hombre y si no hay intimidad en la relación entre ustedes, todavía puedes evitar un daño mayor al refrenar estos comportamientos y estos patrones de pensamiento. Sin embargo, una vez que le comunicas los sentimientos a esta persona y recibes sentimientos recíprocos, acabas de cruzar la línea de una aventura emocional.

Si eres soltera y te involucras emocionalmente con un hombre casado, o si estás casada y lo haces con otro hombre que no sea tu esposo, te recomiendo que hagas tres cosas:

En primer lugar, *pídele a Dios que te perdone*. A los ojos del mundo, una aventura emocional quizá no sea tan seria como una aventura física, pero todo pecado es igual a los ojos de Dios. Al orar pidiéndole perdón a Dios, pídele también que te revele si debes confesarle este pecado a tu esposo. Por más aterrador que te resulte este pensamiento, no permitas que el miedo te convenza de que guardar el secreto es lo mejor para tu matrimonio. (El capítulo 10 explica los beneficios de la confesión a tu esposo y es de esperar que te dé el valor para hacerlo).

En segundo lugar, *ora pidiendo la protección de Dios*, no solo sobre tu cuerpo, sino sobre tu corazón, tu mente y tu boca. Continúa orando cada vez que te sientas débil o vulnerable, pero asegúrate de que esta persona no se convierta en el centro de tus oraciones. En cambio, concéntrate en tu relación con Dios y procura crecer en lo personal y en lo espiritual. Ora por tus demás relaciones con la familia y los amigos. Concéntrate en tus bendiciones presentes, y esta carga potencial no parecerá tan grande.

En tercer lugar, *evita cualquier contacto innecesario con esta persona*. De la misma manera en que te apartaste del camino para cruzarte con este hombre, ahora debes salir del camino para permanecer fuera del que lleva esta persona. Toma el camino más largo hacia los baños si el más corto pasa frente a su oficina. Conduce por un camino diferente para no pasar frente a su casa. Deja que el contestador automático sea el que examine tus mensajes. Si estás casada, es probable que no te deje un mensaje. Evita a todo costo hablar en privado o estar a solas con él. Si tienes fotografías de esta persona, guárdalas o destrúyelas si no significan nada para alguna otra persona. Recuerda, las acciones hablan más fuerte que las palabras. Cuando te niegas a permanecer en presencia de la tentación, esta no puede atraparte.

Por último, *busca a una amiga o consejera de confianza* para tener alguien a quien rendirle cuentas durante este tiempo de tentación. Tal vez prefieras confiar en tu esposo. Yo siempre corro a Greg cuando me enfrento a una tentación sexual o emocional porque él tiene un interés personal y legítimo en mí como para levantarme en oración. También tengo algunas relaciones con mujeres que me piden que rinda cuentas. Si el pensamiento de ser sincera con otra mujer con respecto a este problema te pone un poco nerviosa, vuelve al capítulo 3 y lee una vez más el último mito. Si no tienes un esposo o una amiga en los cuales apoyarte durante este tiempo de prueba, sería sabio que buscaras el consejo de un profesional. No des por sentado que tu problema no es lo bastante grande como para tomarte tiempo para una consulta. Habla sobre este asunto antes de que se vuelva mayor. Si sabes que tendrás que rendirle cuentas a alguien, ya sea tu esposo, una amiga o un consejero, con respecto a tus pensamientos, palabras y acciones, te esforzarás más por mantenerlos dentro de los límites que no te hagan sentir vergüenza en caso de tener que admitirlos. La mejor cuerda de salvamento que tienes a tu disposición para no caer en el hoyo de la tentación es ser sincera y atenerte a la realidad frente a ti misma y a otra persona.

Mi experiencia ha sido que si matas de hambre a tu deseo de tener intimidad emocional con un hombre, con el tiempo muere. Mientras más controles tu apetito por el fruto prohibido, más dignidad y satisfacción sentirás con respecto a ti misma y a tu capacidad para ser una mujer de integridad sexual y emocional.

Si no le prestamos atención a la luz roja del apego emocional prohibido, podemos avanzar hacia este destructivo nivel de conexión emocional:

Aventuras emocionales y adicciones

En lugar de correr hacia el Supremo Sanador para buscar alivio a nuestras heridas emocionales, muchas veces las mujeres hacemos ídolos de las relaciones, adorando al hombre en lugar de a Dios. Comenzamos a someternos a los deseos pecaminosos de un hombre y a los nuestros en lugar de someternos a los deseos que Dios tiene de santidad y pureza, y así nos convertimos en esclavas de nuestras pasiones.

Cuando quitamos las capas que cubren a este asunto, logramos ver el centro del problema: *dudamos que Dios sea capaz de satisfacer de verdad nuestras necesidades más íntimas.* Entonces, miramos a un hombre que no es nuestro esposo y con el tiempo descubrimos que él tampoco «arregla» nuestra situación. Si continuamos con este modelo de buscar amor en todos los lugares equivocados, podemos descubrir que nuestras *aventuras* han avanzado hasta llegar a ser verdaderas *adicciones.*

Espero que nunca experimentes este nivel, y espero que la lectura de este libro te lleve a la convicción de que debes crear un plan de batalla para respetar las luces rojas y alejarte por completo de los niveles de conexión emocional. No obstante, si ya te has pasado de largo la luz roja, por favor, quiero que sepas que hay esperanza para ti. He conocido a muchas mujeres que han descendido a esta profundidad de desesperación con la esperanza de encontrar algo que llene el vacío de sus corazones, y lo único que han descubierto es que el pozo era más profundo, más oscuro y solitario de lo que jamás se hubieran imaginado. Yo soy una de ellas, pero luego de muchos años de concentrar mi atención y mis afectos en mi primer amor (Jesucristo) y en mi segundo amor (mi esposo), mi vida es un testimonio de la gracia transformadora de Dios. Con su pródigo amor, el brazo de la misericordia de Dios llega más allá de lo que jamás podamos caer.

Como las adicciones abiertas se encuentran fuera del alcance de este libro en particular, te recomiendo que veas a un consejero profesional para descubrir cuál es el dolor que te ha llevado a este punto y cómo sanar las heridas causadas por tu estilo de vida adictivo. Mi libro anterior, *Words of Wisdom for Women at the Well* [Palabras de sabiduría para mujeres junto al pozo], se refiere a las adicciones amorosas, sobre todo en las mujeres, y se encuentra disponible en la siguiente dirección de Internet: www.everywomansbattle.com o en el teléfono 1-800-NEW-LIFE. También recomiendo el libro de Stephen Arterburn *Cuando el sexo se vuelve una adicción,* que habla de la relación sexual, del amor, del romance y de las adicciones en las relaciones. Aquí tenemos algo de lo que Steve tiene que decirnos acerca de este asunto:

> Es inevitable, pero la adicción al romance, como cualquier otra adicción, comienza a interferir con la vida del adicto. Lo que una vez producía alivio, pronto comienza a traer dolor, lo que exige más alivio, lo que causa más dolor [...] y así continúa. Lo que una vez era una técnica de control toma el control y saca a la vida de su equilibrio. El adicto no puede trabajar ni actuar sin que la obsesión le dé vueltas por la cabeza [...] Todo lo demás en la vida ocupa un segundo lugar a fin de alimentar las ansias adictivas de embriaguez romántica.
>
> Es irónico que en casi todos los casos el verdadero objeto de la obsesión no sea otra persona, ya sea real o imaginaria, sino la adicta misma. La adicta se concentra por completo en su propia alma destruida, llena de las heridas que le produjeron todos los que la abandonaron en el pasado. Solo hay una cosa que cuenta: sentirse mejor ahora. Solo se busca una cosa: el alivio inmediato para el dolor.
>
> Es muy poca la atención o la preocupación que se le dispensa a cualquier otro. Para los adictos al romance es casi imposible, en medio de la agonía de su pensamiento y comportamiento obsesivo, ver más allá del caparazón de su ensimismamiento y prestar atención al dolor que le causan a otros. Todo lo que saben es que les duele y que deben tener lo que necesitan como bálsamo para su herida. Si en el proceso hieren a otro, es una lástima; pero qué se le va a hacer. Obtener la «solución» romántica es todo lo que importa[2].

Una vez más, si te parece que la desesperación por la sexualidad, el amor, el romance o las relaciones es algo que te controla la vida, busca ayuda. No tienes necesidad de sufrir en silencio.

LAS RECOMPENSAS DE LA SABIDURÍA

Al leer acerca de estas etapas y niveles de conexión emocional, te puedes haber preguntado si las mujeres siempre avanzan en el mismo orden dentro de estas etapas. Por supuesto, la respuesta es negativa. Cualquier etapa se puede pasar del todo por alto. Por ejemplo, una mujer puede involucrarse en una aventura emocional privada con un hombre en su propia mente sin expresarle jamás una pizca de afecto a ese hombre. Los niveles también se pueden alcanzar en distinto orden. Por ejemplo, una mujer se puede casar con (apegarse a) un hombre por otras razones que no sean la atracción, pero con el tiempo descubre que lo encuentra muy atractivo. Estas excepciones no pretenden confundirte, sino ilustrarte que a pesar de que la conexión emocional es progresiva, no siempre avanza en el mismo orden. Por lo tanto, a fin de guardar por completo tu corazón, no puedes suponer que solo porque no has entrado a un nivel, no te encuentras en peligro de involucrarte en otro aun más peligroso. Siempre y en todo tiempo, revisa tu corazón en busca de cualquier motivación impura, sin importar en qué nivel de conexión emocional te encuentres.

A medida que usas la precaución y luchas por no pasar a los niveles de luces rojas de conexión emocional, recuperarás el dominio propio, la dignidad y el respeto por ti misma que quizá perdieras si has comprometido tu integridad sexual. También puedes esperar un renovado sentido de conexión e intimidad con tu esposo y de pureza en tus amistades o relaciones de trabajo con otros hombres. Aun así, lo mejor de todo es que cuando Dios mira tu corazón puro y ve que te cuidas de las relaciones malsanas, te recompensará con una revelación mayor de sí mismo. Él dice:

> Yo, el SEÑOR, sondeo el corazón
> y examino los pensamientos,
> para darle a cada [una] según sus acciones
> y según el fruto de sus obras. (Jeremías 17:10)

Dios bendice a [las] que tienen
un corazón puro,
pues [ellas] verán a Dios. (Mateo 5:8, BLS)

¿Deseas tener una revelación mayor de quién es Dios? ¿Deseas experimentar las recompensas de una vida limpia? ¿Deseas experimentar un nivel más profundo de satisfacción que el que cualquier hombre puede ofrecer? Entonces, sigue leyendo a medida que descubrimos el secreto.

BUSCA EL AMOR QUE DESEAS

Aunque es importante evadir conexiones emocionales y relaciones malsanas, no es suficiente como para garantizar el éxito en guardar nuestros corazones de situarse en una posición comprometida. El secreto para la suprema satisfacción emocional es perseguir una relación de amor loco y apasionado con aquel que creó nuestros corazones, el que los purifica y el que los fortalece para resistir las tentaciones mundanas. El secreto es enfocar nuestro corazón hacia nuestro Primer Amor.

¿Recuerdas la primera vez que sentiste que estabas enamorada? ¿Recuerdas cómo dominaba tus pensamientos mañana, mediodía y noche, cómo podías estar disponible al instante si sabías que él venía? ¿Recuerdas cómo dejabas cualquier cosa cuando sonaba el teléfono y deseabas con desesperación escuchar su voz en la línea? La probabilidad de que esta relación llegara a alguna parte consumía tu mundo. Por más que te esforzaras, sencillamente no te lo podías quitar de la cabeza, ¿no es cierto? (¡No quiere decir que ninguna de nosotras hiciera un esfuerzo tan tremendo!)

Dios anhela que te sientas así de consumida por Él. No quiere decir que te puedas quedar en la cima de una montaña, todos los días de tu vida como la descripción que acabamos de hacer (todas las relaciones pasan por picos y valles), pero Él desea ser tu Primer Amor. Desea que tus pensamientos se vuelvan a Él a lo largo de los días buenos y los días malos. Quiere que lo mires expectante para que sientas que te llama a su presencia. Ansía que clames a Él y que escuches su respuesta amorosa. Aunque quiere que inviertas en relaciones saludables con los demás, desea que tu principal preocupación sea tu relación con Él.

Tal vez pienses: *¡Ay, toda mi vida he escuchado eso! ¡La respuesta a todos mis problemas es «Jesús, Jesús, Jesús»! Conozco a Jesús, ¡pero tampoco he sentido nunca una satisfacción completa con Él!* Si esta es tu situación, puedo entender por qué desafías lo que digo; pero sé por experiencia propia que lo que digo es verdad, y lo mismo le sucede a muchas mujeres que conozco. No puedo evitar preguntarme si en realidad te has entregado sin reservas a la búsqueda de una relación satisfactoria con Dios. Te animo a que respondas con sinceridad las siguientes preguntas:

- ¿He invertido *realmente* mucho tiempo en tratar de conocer a Dios en forma personal e íntima?

- ¿Leo la Biblia en busca de pistas que me muestren el carácter de Dios y su plan para mi vida?

- ¿Le he dado a Dios tantas oportunidades como les he dado a otros hombres, a otras fantasías o a las salas de charla en la Internet?

- ¿Alguna vez he decidido orar, danzar al son de la música de adoración o salir a caminar con Dios en lugar de levantar el teléfono para llamar a un muchacho cuando me siento sola?

- ¿Hay momentos en los que estoy a solas (masturbándome, fantaseando, leyendo o mirando materiales inconvenientes, etc.) en los cuales paso por alto la presencia de Dios en un intento de satisfacción propia?

- ¿Creo que Dios es capaz de satisfacer hasta la más pequeña necesidad que tenga?

- ¿Estoy dispuesta a poner a prueba esta creencia despojándome de todas las cosas, las personas y los pensamientos que uso para remediar mi dolor, mi temor o mi soledad y a volverme dependiente por completo de Dios?

Dios anhela que lo pongas a prueba en este asunto. Desea habitar en cada parte de tu corazón, no alquilar una habitación y nada más. Quiere llenar tu corazón hasta que desborde.

No permitas que la culpa por errores pasados te impida buscar este primer amor en verdad satisfactorio con Él. Dios no te desprecia por la manera en que has tratado de llenar el vacío de tu corazón. Él te dice: «Vengan, pongamos las cosas en claro [...] ¿Son sus pecados como escarlata? ¡Quedarán blancos como la nieve! ¿Son rojos como la púrpura? ¡Quedarán como la lana!» (Isaías 1:18). Él está ansioso por limpiar tu corazón y enseñarte a guardarlo de futuros dolores y de la soledad.

TOMEMOS EL BUEN CAMINO

No nos enamoramos ni *caemos* en inmoralidad sexual por accidente. O bien nos *zambullimos* en esa dirección (ya sea de forma pasiva o agresiva), o escogemos a propósito tomar el otro camino y nos negamos a cruzar la línea entre lo que es fructífero y lo que es prohibido. Aunque nuestras emociones son muy poderosas, no debemos permitir que manejen nuestros pensamientos y nuestras acciones y que nos lleven a acciones comprometedoras. En cambio, podemos dejarnos caer en los brazos de Dios y recurrir a su poder para que guarde nuestro corazón y guíe nuestras emociones hacia las situaciones y las relaciones adecuadas.

Te animo a que memorices los niveles de conexión emocional verde, amarillo y rojo de los cuales hemos hablado en este capítulo. Comprender con exactitud dónde se encuentra la línea entre la integridad emocional y el compromiso emocional es una de las tres claves para guardar tu corazón. La segunda clave es ser sincera contigo misma y aprender a reconocer cualquier motivación oculta, y esto te dirá con exactitud dónde te encuentras en relación con esa línea entre la integridad y el compromiso. La tercera clave para guardar tu corazón (y la más importante) es perseguir una relación de primer amor con Jesucristo (de la cual hablaremos más en el capítulo 11). Una vez que experimentes un amor tan puro y apasionado, tu corazón se fortalecerá de una manera como no imaginas que sea posible.

Le pido que, por medio del Espíritu y con el poder que procede de sus gloriosas riquezas, los fortalezca a ustedes en lo íntimo de su ser, para que por fe Cristo habite en sus corazones. Y pido que, arraigados y cimentados en amor, puedan comprender, junto con todos los santos, cuán ancho y largo, alto y profundo es el amor de Cristo; en fin, que conozcan ese amor que sobrepasa nuestro conocimiento, para que sean llenos de la plenitud de Dios.

Efesios 3:16-19

Cierra los labios flojos

Si alguien se cree [religiosa] pero no le pone freno a su lengua, se engaña a sí [misma], y su religión no sirve para nada.

SANTIAGO 1:26

¿Cuál es la palabra que describe la actividad favorita de la mujer durante el juego amoroso? ¡CONVERSACIÓN!

Piénsalo. ¿Qué aventura amorosa se ha producido sin un intercambio de palabras íntimas? Las mujeres muchas veces me dicen: «No le he sido infiel a mi esposo. Todo lo que hemos hecho este hombre y yo ha sido hablar». Sin embargo, ¿cuál es la naturaleza de las palabras que intercambiaron? Tal vez él dice cosas como:

- «Hoy esperaba ver tu hermoso rostro».

- «Mi esposa y mis hijos están fuera de la ciudad y sin duda estaré muy solo en casa».

- «Tuve un sueño alocado contigo anoche. Cuando me desperté, me sentí muy desilusionado».

- «¿Valora tu esposo la maravillosa mujer que tiene?»

Tal vez, ella responda con las siguientes palabras:

- «Me encanta estar cerca de ti. Siempre me haces sentir bien».

- «¿Cuándo te volveré a ver? ¿Puedes llamarme por teléfono pronto?»

- «Pienso en ti todo el tiempo. No puedo quitarte de mi mente».

- «¿Qué diría tu esposa si supiera que hablamos de esta manera?»

¿Qué *diría* su esposa? ¿Y qué diría tu esposo? «Está bien, cariño. Todavía no me has sido infiel». Creo que no diría eso. Los esposos se sentirían muy traicionados por semejantes palabras. En realidad, es probable que esas palabras hieran tanto como cualquier acto físico que puedas haber cometido porque indican que tu corazón ya no está consagrado por completo a tu relación matrimonial. Considera este pasaje del libro de Santiago:

> Cuando ponemos freno en la boca de los caballos para que nos obedezcan, podemos controlar todo el animal. Fíjense también en los barcos. A pesar de ser tan grandes y de ser impulsados por fuertes vientos, se gobiernan por un pequeño timón a voluntad del piloto. Así también la lengua es un miembro muy pequeño del cuerpo, pero hace alarde de grandes hazañas. ¡Imagínense qué gran bosque se incendia con tan pequeña chispa! También la lengua es un fuego, un mundo de maldad. Siendo uno de nuestros órganos, contamina todo el cuerpo y, encendida por el infierno, prende a su vez fuego a todo el curso de la vida. (Santiago 3:3-6)

¿Captaste la última parte? La lengua «contamina todo el cuerpo». Debemos dejar de pensar en la pureza y la fidelidad estrictamente en términos físicos y entender la importancia de ajustar nuestras palabras, nuestros pensamientos, nuestras acciones y nuestras convicciones a la Palabra de Dios. Cuando estas cuatro cosas están de acuerdo entre sí y se ajustan a la Palabra de Dios, actuamos con integridad sexual. Con todo, si cualquier esfera se encuentra fuera de los lineamientos de la Palabra de Dios, hemos puesto nuestra integridad sexual en una situación comprometida, sin importar hasta dónde hayamos llegado en el plano físico.

ARMONIZA TUS LABIOS

Si anhelamos ser mujeres de integridad sexual y emocional, debemos entender el arma poderosa que constituyen nuestras palabras. Son las que nos llevarán a una aventura amorosa o las que la detendrán antes de que comience. Antes decía: «Soy demasiado débil como para resistir la tentación sexual», ¿y sabes qué?, lo era. Sin embargo, cuando Dios comenzó a tratar conmigo y a santificar mi boca, cambié la sintonía. Comencé por preguntarle a Dios: «¿Existe la posibilidad de que la tentación sexual no se apodere de mí?». Él me dio un rayo de esperanza. Luego comencé a proclamar en forma afirmativa: «La tentación sexual no tiene poder sobre mí». Al cabo de un tiempo, comencé a creerlo de verdad y sin reservas. Ahora puedo declarar con convicción: «¡La tentación sexual no tiene poder sobre mí!».

Si nos decimos que no podemos resistir la tentación sexual o emocional, es muy probable que caigamos en ella. Aunque si nos decimos que no cederemos a la tentación sexual o emocional, será más probable que respaldemos nuestras palabras con acciones acordes. Así te conviertes en una mujer de integridad: una persona cuyos labios se alinean con su vida y viceversa.

> De la abundancia del corazón habla la boca. [La] que es [buena], de la bondad que atesora en el corazón saca el bien, pero [la] que es [mala], de su maldad saca el mal. Pero yo les digo que en el día del juicio [todas las mujeres] tendrán que dar cuenta de toda palabra ociosa que hayan pronunciado. Porque por tus palabras se te absolverá, y por tus palabras se te condenará. (Mateo 12:34-37)

En este capítulo veremos cómo guardar nuestra boca como una protección más en contra de las situaciones comprometedoras en la esfera sexual. En primer lugar, examinaremos qué clase de comunicación debemos tener para guardarnos de:

- coqueteos y halagos
- quejas y confesiones
- consejos y oraciones fuera de lugar

Después veremos qué podemos hacer para asegurarnos de guardar nuestras bocas cuando nos comunicamos con el sexo opuesto.

EL COQUETEO CON EL PELIGRO

El diccionario de la Real Academia Española define la palabra coquetear como: «En el juego amoroso, dar señales sin comprometerse». Muchas mujeres me han preguntado: «Si soy soltera, ¿hay algún problema si coqueteo?». Por lo general, la persona que me hace esta pregunta no comprende lo que en realidad quiere decir la palabra «coquetear». En tanto que puede ser bueno actuar de manera amorosa (como si se deseara el romance) con alguien que te interesa como para desarrollar una relación beneficiosa, el coqueteo es algo diferente. También se puede llamar «tomar el pelo», ya que la persona que coquetea no tiene intenciones serias. Sea cual sea su estado civil, ¿es apropiado que una mujer incite a un hombre (en el plano emocional o físico) puesto que no tiene intención de buscar una relación con él? ¿Es un gesto de amor tomarle el pelo a alguien con tus atenciones y demostraciones de afecto si no tienes deseo de satisfacer ninguna esperanza que esto pueda despertar? En mi opinión, la demostración sincera de amor y de respeto hacia los demás no deja lugar al coqueteo ni las tomadas de pelo.

Otras me preguntan: «¿Hay algún problema en que una mujer casada coquetee si luego no sigue adelante?». En mi opinión, nunca está bien que una mujer casada se comporte de manera amorosa con alguien que no sea su esposo. Si regresamos a una de las definiciones que dimos de una mujer de integridad, recordarás que lleva una vida en armonía con sus labios y viceversa. Si queremos serle fiel a nuestro compañero en el matrimonio, debemos demostrar nuestra fidelidad no solo en las acciones, sino también en la comunicación que tenemos con otras personas. Aunque el dicho dice: «Tus acciones hablan tan fuerte que no puedo escuchar tus palabras», nunca podemos menospreciar el efecto que tienen las palabras solas sobre los demás y sobre nuestra propia integridad.

Aunque no tengas intenciones serias cuando comienzas a lanzar cumplidos o a realizar intercambios demasiado amistosos con un hombre, la excitación que producen esas caricias al ego pueden arrastrarte cuesta abajo hasta comprometer tu conducta sexual. Por lo general, sucede de manera lenta, pero algunas veces adquiere la velocidad de un rayo. Sara lo descubrió de la peor manera:

> Mientras trabajaba como asesora para una gran corporación cristiana, me gustaba mucho sentarme con un pequeño grupo de empleados en los banquetes y en las fiestas de la compañía. Siempre pasábamos un tiempo muy agradable intercambiando historias de guerra y diciendo bromas, algunas de las cuales se podían repetir en grupos mixtos y otras no.
>
> Una noche, todos nos divertíamos de manera especial en la sala de banquetes de un restaurante y decidimos continuar la fiesta en el salón del hotel donde se hospedaban los asesores que venían de afuera. Nuestro alegre grupo se dirigió al bar y comenzamos a pedir tragos vírgenes y alguien se abalanzó sobre los palos de billar y gritó: «¿Quién está listo para el juego?».
>
> Mientras escogíamos nuestros lugares, Rick (nombre ficticio, por supuesto) me miró directamente, me guiñó uno de sus grandes ojos azules y con su voz al estilo de Humphrey Bogart dijo: «¡Somos tú y yo, nena!». Después de la deliciosa conversación que Rick y yo disfrutamos al finalizar la cena y los elogios aduladores que me enviaba, me enamoré de esa frase. Recuerdo que pensé:

¡Despreocúpate y diviértete! ¡Es un compañero de fiesta y no es más que un partido de billar! Llamé a mi esposo y le pregunté si me podía quedar un poco más.

No me acuerdo si ganamos alguno de los juegos, pero recuerdo la mayor parte de la conversación que tuvimos mientras esperábamos y cómo bebía cada una de sus palabras. «Me gustaría que fueras mi compañera solo para poder hablar más...» «Es difícil conocer a una mujer que sea inteligente *y* hermosa...» «Todos los que están aquí se han dado cuenta de lo hermosa que es la mujer que está a mi lado». También recuerdo la manera en que Rick deslizó su mano detrás de mi cintura y cómo me daba un ligero apretón con esa mano cada vez que era mi turno de participar. (Confieso que le prestaba muy poca atención al juego con un conversador tan suave a mi lado toda la noche). Cada vez que me tocaba se me agitaba todo en el interior.

Cuando la noche se terminaba y todos se iban a su hogar o su habitación en el hotel, Rick me llevó a un costado y deslizó en mi bolsillo la llave de su habitación. Me gustaría poder decir que hice lo debido con esa llave, pero había coqueteado con el peligro durante tanto tiempo aquella noche que mordí el anzuelo y fui pez muerto. La conversación había sido del todo fascinante. Me parecía que podíamos seguir conversando toda la noche. A decir verdad, pensé que podía entrar a su habitación del hotel y mantener las cosas en el nivel de la conversación, pero una vez que me besó, no hubo mucho que decir.

Mi conciencia se alivió durante muy poco tiempo con el pensamiento «¡Al menos no tuvimos relaciones sexuales!», pero no me llevó mucho tiempo darme cuenta de que había empacado una valija de culpa y vergüenza más pesada de lo que yo podía llevar. A lo largo de meses de tratamiento, de oración y de escudriñar mi alma, me di cuenta de que una aventura amorosa no se consume cuando se llega al coito, sino cuando comienza una conversación íntima. ¡Cuánto hubiera deseado saber entonces lo que sé ahora! Siento que Dios me dio estos versículos específicamente para impedir que vuelva a engañarme otra vez:

> Entre ustedes ni siquiera debe mencionarse la inmoralidad sexual, ni ninguna clase de impureza o de avaricia, porque eso no es propio del pueblo santo de Dios. Tampoco debe haber palabras indecentes, conversaciones necias ni chistes groseros, todo lo cual está fuera de lugar; haya más bien acción de gracias [...] Que nadie los engañe con argumentaciones vanas, porque por esto viene el castigo de Dios sobre los que viven en la desobediencia. Así que no se hagan cómplices de ellos. (Efesios 5:3-4, 6-7)

UN FILTRO PARA NUESTRAS PALABRAS

Aunque muchas mujeres coquetean con los hombres de manera intencional, hay otras que no se dan cuenta de que sus comentarios amorosos están fuera de lugar. Escuchamos esta clase de lenguaje con tanta frecuencia en los medios que el coqueteo puede ser una respuesta natural o automática. Algunas mujeres son demasiado ingenuas como para reconocer el impacto que tienen sus palabras y sus gestos en el sexo opuesto. Otras son muy conscientes, pero están tan sedientas de afirmación que continúan poniendo en riesgo su integridad con tal de pescar un cumplido en cualquier lugar.

Aquí tenemos una lista de preguntas parecidas a las que se encuentran en el capítulo anterior a fin de ayudarnos a discernir si las palabras que salen de nuestra boca y entran en los oídos de él son para su bien o para el bien de tu propio ego.

- ¿Qué me motiva a hacer este comentario? ¿Es piadoso?

- ¿Qué espero ganar al decir esto? ¿Estas palabras nos harán mal a alguno de los dos o nos beneficiarán a ambos?

- ¿Este hombre está casado? Si lo está, ¿su esposa se molestaría conmigo si supiera que hablo con su esposo de esta manera?

- ¿Estoy usando las palabras para manipular a esta persona y llevarla a una relación más profunda en la cual satisfaga mis necesidades emocionales o me haga sentir mejor?

- Si digo lo que pienso y luego me doy vuelta y me encuentro con mi esposo (o mi amigo, mi jefe, mi pastor o mi hijo) parado allí, ¿tendría que dar alguna explicación?

- Si percibo que un hombre casado coquetea conmigo, ¿se lo hago más divertido al responderle de manera amable o mantengo mis propias convicciones personales en cuanto a guardar mi boca?

Aunque las palabras amables y los elogios quizá sean adecuados, debemos ser sinceras en cuanto a nuestras motivaciones y debemos reconocer cuándo están al límite de convertirse en manipuladoras o en coqueteos. Sin embargo, aun cuando aprendamos a discernir si coqueteamos o no, existen otras formas de comunicación que quizá también nos conduzcan a situaciones comprometedoras en el plano emocional y sexual. Sigamos examinando esas clases de palabras.

ME QUEJO DE LA QUEJA

No voy a llegar tan lejos como para decir que las mujeres nunca tienen derecho a quejarse de sus esposos, pero cuando le presentamos estas quejas al sexo opuesto, el tiro puede salirnos por la culata al instante. Aquí tenemos un correo electrónico que recibí de Beth que ilustra lo que quiero decir mucho mejor de lo que yo podría explicarlo:

Cuando estaba casada, mi esposo abusaba emocionalmente de mí casi todos los días. Como se acostaba muy tarde, se levantaba con un mal humor terrible y encontraba alguna razón para gritarme. Yo era la culpable de que se le hubiera acabado la crema de afeitar. No le había planchado su camisa favorita. No le había cocinado los huevos al punto exacto. Todas las mañanas había algo. Algunas veces, hasta llegaba a decirme que a menos que yo y la casa nos viéramos un poco mejor a la hora que regresaba del trabajo, era posible que no regresara. Por lo general, a la hora que dejaba mi casa para ir a trabajar, me sentía como si me hubieran masticado y luego me hubieran escupido. Muchas veces tenía que quedarme sentada en el auto y recuperar la compostura antes de entrar al trabajo.

Tenía un compañero de trabajo, Bob, que me vio sentada en el auto varias mañanas, secándome los ojos antes de entrar a la oficina. Un día, cuando me preguntó qué me sucedía, no me contuve. Le confesé todo. Le conté cómo mi esposo me gritaba y se quejaba por todo lo que hacía o lo que no hacía en la casa. Le confié el odio que sentía frente a su trato. Le confesé que sentía muy poco amor hacia él en mi corazón.

Bob confesó que sentía la misma frustración con su esposa y me contó que ella tampoco lo valoraba. Dijo que cortaba el césped, que llevaba a los niños a la escuela, que lavaba el auto, que la elogiaba y que muchas veces la llevaba a comer a un restaurante, pero ella nunca estaba contenta. Yo pensé: *¡Vaya! ¡Si mi esposo hiciera todo eso por mí, me derretiría como la mantequilla!*

Bob y yo comenzamos a contarnos las historias del horror del matrimonio con regularidad. Él se convirtió en la persona con la que me descargaba cada vez que mi esposo hacía algo para provocarme. Parecía que siempre me entendía y me hacía sentir mejor. No estoy segura cuándo fue el momento exacto en el que me enamoré de Bob, pero jamás olvidaré el día en que mi esposo descubrió nuestra aventura.

Yo tenía la esperanza de que a Bob le dieran el divorcio después que se fue mi esposo, pero él decidió que de ninguna manera podía dejar a su esposa por el bien de sus hijos. Pidió que lo transfirieran a una oficina fuera de la ciudad para poder comenzar de nuevo.

Al mirar hacia atrás, Beth se da cuenta que dos males no hacen un bien. Aunque su esposo no tenía derecho a tratarla tan mal, al quejarse delante de otro hombre, lo único que hizo fue empeorar la situación. Dice que desearía haberse quejado solo delante de un consejero matrimonial. Al menos, un consejero la hubiera podido ayudar a establecer algunos límites para protegerse del trato abusivo de su esposo. Si hubiera tomado este camino, tal vez ella y su esposo hubieran podido resolver sus problemas y disfrutar de una relación saludable.

Y ya que hablamos de consejeros, esto nos lleva a otra forma de conversación íntima que a las mujeres las hace trastabillar: recibir consejo y oración de alguien del sexo opuesto.

CUANDO NO DEBEMOS AYUDAR

Seis días después del accidente automovilístico, Susan seguía sin poder mover la cabeza hacia un lado y hacia el otro sin sentir que el dolor se extendiera hasta la espalda. Como las radiografías mostraron que no había huesos rotos, el médico le recomendó que viera a un quiropráctico.

Buscó en las páginas amarillas algún consultorio que quedara cerca de su casa e hizo una cita para el día siguiente. Le aterrorizaba poner su cuerpo dolorido en manos de alguien que quizá la iba a doblar y a hacer girar como si fuera una contorsionista, pero oró para que Dios la sanara a través de las manos hábiles del quiropráctico.

«Cuando llegué a mi cita, me sorprendió un poco descubrir que el doctor Keifer era muy atractivo. Tenía unos cabellos grises sobre las sienes que le daban un aire sofisticado y cuando iluminaba su brillante sonrisa, se le formaban unas ligeras líneas en las comisuras de los labios. Se parecía más a un modelo de una revista que a un quiropráctico. Mientras me encontraba sobre la camilla, el doctor Keifer comenzó su tarea con mano firme. A lo sumo le llevaría seis semanas, dijo, y tendría que venir una vez a la semana.

»Llegamos a conocernos bastante bien durante las primeras visitas mientras hablábamos sobre nuestras familias, nuestras carreras y los intereses en común que teníamos. Cuando llegó la cuarta visita, noté que el doctor Keifer no era la persona jovial de siempre», explica Susan.

—¿Quién te hizo estallar? —le preguntó en broma.

—Mi esposa. Gracias por darte cuenta de que ando por los suelos —respondió el doctor a la par que resurgía su dulce sonrisa. La miró directo a los ojos como si dijera: «¡Ayúdame con este problema!».

Susan trató de alentarlo y le aseguró que todo mejoraría con el tiempo. Cuando el doctor Keifer le pidió que orara, Susan se ofreció a orar allí mismo.

—Con todo gusto —le respondió él.

Mientras Susan comenzaba a orar, él le puso la mano sobre la rodilla.

A la visita siguiente, Susan preguntó cómo iban las cosas en el hogar. Cuando el doctor Keifer respondió que no andaban muy bien, ella le preguntó: «¿Hay algo que pueda hacer?».

Al mismo tiempo que le manipulaba la columna, este hombre comenzó a manipularle el corazón con historias acerca de la terrible frialdad de su esposa durante los últimos años. Susan absorbió todo intercalando comentarios compasivos durante toda la conversación. Cuando terminó el tratamiento, el doctor Keifer le informó que no le iba a cobrar la sesión de ese día porque tenía una deuda de gratitud con ella por ser tan buena escucha.

El placer es todo mío, pensó Susan.

Durante la sexta y última sesión, el doctor le recordó a Susan que su póliza de seguro le pagaría una sesión más ya que esta había sido gratuita. Aunque el cuello y la espalda ya no le dolían, el dolor que sentía en el corazón por seguir viendo a este hombre hizo que siguiera adelante y fijara una cita para volver a ver al doctor Keifer una vez más.

DEMASIADO BIEN PARA NUESTRO PROPIO BIEN

Algunas veces, las mujeres podemos ser demasiado tiernas, incluso cuando las banderas rojas comienzan a aparecer en la superficie. Muchas veces pensamos: *Pero me necesita... Solo estoy tratando de ser una amiga... ¿Cómo no lo voy a ayudar? ¡Eso no sería un comportamiento cristiano!*

Tal vez no haya problemas en que una mujer soltera ocupe el lugar de consejera de un hombre soltero, si cualquiera de los dos están casados o comprometidos, la trama se puede embrollar hasta convertirse en la peligrosa receta de un enredo emocional. O si una mujer soltera percibe que existe un programa oculto (el deseo de desarrollar una relación) detrás del pedido de consejo de un hombre, sería sabio que no siguiera adelante si no es una relación que desee alimentar.

No caigas en la trampa de aconsejar a un hombre sobre sus problemas si esto implica aislarse para tener conversaciones personales, sobre todo si uno de los dos es casado. Para eso están los consejeros profesionales, los pastores y sus pares masculinos. La única manera de evitar caer en una de las muchas aventuras que florecen en los ministerios y en las oficinas de consejería es que los hombres aconsejen a los hombres y las mujeres a las mujeres en lo que respecta a problemas íntimos.

Si un hombre se te acerca para pedirte consejo u oración y se trata de una relación prohibida o de una que no te interesa, siéntete en libertad de hacer lo mismo que Scott. Cuando una hermosa mujer joven se le acercó bañada en lágrimas, Scott respondió a su descarada petición de atención con un amistoso: «¿En qué puedo ayudarte?». Cuando ella siguió adelante derramando su corazón acerca de algo que acababa de molestarle en gran manera, Scott por instinto la interrumpió y le dijo: «¿Por qué no esperas aquí hasta que busque a otra mujer para que ore por ti?». ¿Scott se comportó de forma insensible? De ninguna manera. Su comportamiento fue muy sensible, no solo frente a la situación que le producía angustia a esta mujer, sino a la destrucción potencial que podía traerle si él era su apoyo y su compañero de oración. No quiso alimentar ninguna falsa esperanza que ella pudiera albergar de tener una relación con él. Muchos pastores y líderes del ministerio se niegan a aconsejar a una mujer si su esposa o el esposo de la mujer no están presentes. Esto no es rechazo; es una sabia precaución.

Cada vez que recibo peticiones de hombres que buscan consejo con respecto a la relación con sus esposas o con sus novias, sencillamente respondo: «Lo lamento. Tengo una norma muy estricta en cuanto a aconsejar solo a mujeres. Si deseas que tu esposa se ponga en contacto conmigo, con gusto hablaré de los problemas con ella y tal vez los vea como pareja». La sabiduría nos dice que si de verdad vamos a ayudar a otra gente (y a protegernos a nosotras mismas), no podemos correr el riesgo de comportarnos «demasiado bien por nuestro propio bien».

Ahora que hemos considerado la clase de comunicaciones de las que debemos guardarnos, examinemos cómo podemos ser mujeres de integridad emocional en todas nuestras comunicaciones con los hombres.

ATENGÁMONOS AL ASUNTO ENTRE MANOS

Se ha dicho que los hombres usan la conversación como un medio de comunicar información, en tanto que las mujeres la usan como un medio de unión. En tanto que la comunicación y la unión con nuestro esposo, nuestros hijos y nuestras amigas son grandiosas, la comunicación y la unión con hombres fuera del matrimonio o con hombres con los que no comenzaríamos una relación seria son peligrosas y muchas veces destructivas. Además, mientras más nos comunicamos con una persona, más nos unimos a ella, así que bien haríamos si aprendiéramos una lección de los hombres en este aspecto y aprendiéramos a atenernos al asunto entre manos un poco mejor. Podemos aprender a comunicarnos con los hombres en forma amigable, pero no de una manera que ponga en riesgo nuestra integridad emocional.

Si la relación es prohibida o sencillamente no deseas cultivarla, aquí tenemos algunas pautas específicas que te ayudarán a impedir que la comunicación con otros hombres adquiera giros y vueltas que en definitiva te arrastrarán cuesta abajo por el camino de la transigencia.

Comunicación voz a voz

Cuando entendemos que cualquier llama se puede avivar hasta convertirse en un fuego devorador mediante las conversaciones telefónicas privadas, trataremos de establecer estos límites para el tiempo que pasamos en el teléfono:

- Si luchas contra la tendencia de desbocarte por tangentes peligrosas cada vez que escuchas a un varón, realiza tus llamadas telefónicas cuando otra persona puede escuchar. Si eso no es posible, prepara el reloj automático para que suene a los cinco minutos o luego de la cantidad de tiempo que necesites para atender el asunto que tienes entre manos. Si terminas con el asunto y sigues la conversación a un nivel personal, deja que la alarma del reloj sea tu señal para terminar la conversación y seguir adelante con cosas más importantes.

- Si necesitas hablar con un hombre desde tu oficina, usa el teléfono con altavoz. Esta es una táctica sabia en particular si llamas a alguien que le gusta coquetear contigo o que te ha enviado señales fuera de lugar. Sé que no es una manera personal de hablar, pero esa es justamente la idea. Si él sospecha que otra gente puede escuchar todo lo que dice, se cuidará con cada palabra. Y lo opuesto también es verdad. Finge que estás en un teléfono con altavoz y que todo lo que digas se puede escuchar.

- Si antes estuviste involucrada en una relación y él te sigue llamando, revisa tus llamadas utilizando un contestador automático. No tienes ninguna obligación de devolver una llamada telefónica a una persona con la cual no quieres saber más nada, en especial si está tratando de pescarte de nuevo y llevarte a una relación inadecuada. Si te parece increíblemente maleducado, piensa en esto como una manera sabia, no maleducada. Si ya le has dicho que la relación se terminó y te sigue llamando, el maleducado es él. Es evidente que necesita una insinuación más fuerte, y las acciones hablan más fuerte que las palabras. No obstante, si tiene una razón válida para llamar y tienes la obligación de devolverle la llamada, implementa la primera pauta y devuélvele la llamada cuando haya otra persona que escuche, o prepara una alarma que limite la cantidad de tiempo y de energía que inviertas en la llamada. Esto te impedirá que te sientas tentada a permitir que te arrastre con palabras dulces a una relación malsana otra vez.

- Por último, evita las conversaciones telefónicas que no sean de emergencia pasada una hora razonable de la noche, no importa si eres soltera o casada. ¿Recuerdas que tus padres no te permitían hablar por teléfono pasadas las diez de la noche o la hora que fuera? Esa regla tenía una buena razón. La mayor parte de las conversaciones pasada la medianoche no son otra cosa que combustible para el fuego.

La comunicación cara a cara

Aunque en el siguiente capítulo hablaremos de los límites físicos (discerniremos si es apropiado y cuándo lo es estar a solas con un hombre en particular), todos sabemos que de tanto en tanto surgen situaciones antes de que nos demos cuenta. Vamos a una entrevista con el médico y su enfermera sale de la habitación durante un momento. El electricista aparece por casa cuando estamos solas. Un vecino bienintencionado se detiene a ver cómo andan las cosas la noche que tu esposo está afuera en un viaje de negocios. Cuando suceden estas cosas, aquí tenemos algunas pautas:

- Mantén los temas de conversación en el mismo nivel que si hubiera alguien más allí. El hecho de que no haya nadie que pueda escuchar no te da una excusa para pasar a niveles personales o íntimos de conversación. Por más que a las mujeres nos guste profundizar en nuestras conversaciones, no siempre es sabio. Antes de que te atrevas a tocar cualquier asunto, controla tu motivación para asegurarte de que no tienes programas escondidos tales como usar a este hombre de apoyo, poner a prueba su determinación personal o procurar que acaricien tu ego.

- Si un hombre intenta involucrarte en una conversación que parece ser un coqueteo o algo que se encuentra en el límite (que fácilmente puede tomar una dirección indebida), responde con el mínimo de palabras y luego busca una distracción que te saque por completo de la conversación. Esto enviará un mensaje claro pero educado que diga que no estás interesada en su juego.

- Si un hombre aparece sin un compañero para hacer un trabajo en tu casa y estás sola, llama por teléfono a una amiga y pregúntale si puede venir unos minutos para disfrutar de una taza de té, ¡ahora mismo! Tengo una amiga en el vecindario que comparte este límite conmigo, y cuando alguna de las dos llama a la otra para hacerle una invitación repentina a tomar el té, es como si habláramos en código: *Deja todo. Ven ahora. La tetera está humeando. Te veo en un minuto.* Si la amiga no se encuentra disponible, evita cualquier conversación que no sea absolutamente necesaria mientras este hombre esté en tu casa.

Comunicación computadora a computadora

Con el advenimiento del correo electrónico y las salas de charla, las mujeres han descubierto que el ciberespacio es un lugar en extremo resbaloso. ¿Alguna vez te has fijado en que los hombres envían correos electrónicos de una o dos frases, y algunas veces de una o dos palabras? Las mujeres, por otra parte, envían varios párrafos largos, el hermoso poema que una amiga les mandó hace poco y una foto adjunta que le sacaron a la mascota de la familia durante las últimas vacaciones de verano. Eso está bien en el caso de la abuela o de las amigas, pero establezcamos algunas pautas para conversar en el ciberespacio con hombres que tal vez nos tienten a caer en relaciones prohibidas o malsanas:

• Si debes comunicarte con un hombre por asuntos de negocios, cíñete a los negocios. Evita tener muchas conversaciones personales por la Internet que puedan hacer parecer que estás interesada en algo más que una simple relación de negocios.

• Si un hombre con el cual tienes una historia previa o al que estás muy apegada te envía un correo electrónico que requiere una respuesta, ten mucho cuidado de no decir algo que pueda interpretarse como una puerta abierta o una insinuación. Si esta relación te produce más tentación de la que eres capaz de resistir, hasta puedes llegar a considerar la posibilidad de enviarle una copia a una tercera persona como tu esposo, una secretaria o una amiga para añadir otra medida de responsabilidad frente a los demás.

- Evita las cuentas privadas de correo electrónico que nadie conoce o a las que nadie tiene acceso. Tengo una cuenta personal de correo electrónico y una cuenta para el ministerio. Mi esposo y mi asistente tienen libre acceso a cualquiera de las dos cuentas en cualquier momento, proporcionando una responsabilidad planificada.

Si un hombre invade tu espacio utilizando el «Mensaje instantáneo» y percibes que sus intenciones no son muy honorables, no tienes ninguna obligación de responderle. Para eso se usa el botón de «No Aceptar». No obstante, si decides responder, procura que tus respuestas sean breves y que vayan al grano, con el cuidado de no virar de forma brusca hacia una conversación que no te gustaría que alguna otra persona viera.

INTIMIDAD EMOCIONAL CON UN DIOS ÍNTIMO

En nuestra búsqueda de intimidad relacional, recordemos que hay alguien al cual podemos susurrarle los deseos de nuestro corazón y del cual podemos recibir los estímulos que necesitamos y que no pondrá en riesgo nuestra integridad, sino que la fortalecerá.

Si piensas: *De ninguna manera hablar con Dios me entusiasma tanto como hablar con un hombre,* no le has permitido a tu Creador que te corteje. El mismo Dios cuyas palabras tuvieron el poder para formar todo el universo anhela susurrarle palabras a tu sediento corazón que tienen el poder de emocionarte, sanarte y de llevarte a una relación de amor más profunda de lo que jamás hayas imaginado. Un muchacho te puede decir que estás linda, pero la Palabra de Dios dice: «El rey está cautivado por tu hermosura» (Salmo 45:11). Un hombre te puede decir: «Por supuesto que te amo», pero Dios dice: «Con amor eterno te he amado, por eso te he atraído con misericordia» (Jeremías 31:3, LBLA). Incluso tu esposo quizá te diga: «Estoy comprometido contigo hasta la muerte», pero Dios dice: «Nunca te dejaré; jamás te abandonaré» (Hebreos 13:5).

Tómate tiempo para retirarte a un lugar tranquilo con el Señor de tu alma. Di lo que tengas en tu corazón, y luego *escucha* cuando Dios te habla directamente desde su corazón al tuyo.

Sean, pues, aceptables ante ti mis palabras y mis pensamientos, oh SEÑOR, roca mía y redentor mío.

Salmo 19:14

Construye límites mejores

¿Acaso no saben que su cuerpo es templo del Espíritu Santo, quien está en ustedes y al que han recibido de parte de Dios? Ustedes no son sus propios dueños; fueron comprados por un precio. Por tanto, honren con su cuerpo a Dios.

1 Corintios 6:19-20

Para ayudarnos a guardarnos de la tentación, Pablo anima a los cristianos a que nos pongamos «toda la armadura de Dios», el cinturón de la verdad, la coraza de justicia, el calzado de la paz, el escudo de la fe, el casco de la salvación y la espada del Espíritu (véase Efesios 6:13-17). Somos muy afortunadas al tener acceso total a todas estas cosas, a través del Espíritu Santo, ya que la verdad, la justicia, la paz y la fe son ingredientes clave para mantener la integridad emocional y sexual.

Sin embargo, al ponernos toda la armadura de Dios, las mujeres muchas veces cometemos el error de no controlar algunos puntos débiles que nos dejan al descubierto y vulnerables a la tentación. Tres de los puntos débiles más comunes son:

- ropa comprometedora
- compañías comprometedoras
- acciones comprometedoras

Nos fijaremos en cada uno de estos puntos débiles, y al hacerlo, trataremos de discernir si tu armadura quizá te deja vulnerable a la tentación o pone en riesgo tu integridad.

PUNTO DÉBIL 1: ROPA COMPROMETEDORA

Es probable que hayas escuchado hablar a los cocineros que aparecen por televisión que dicen que cuando se trata de comida, la presentación es todo. La presentación *es* todo, no solo con la comida, sino también con tu cuerpo. Uno de los conceptos que les inculco a las mujeres es que *nosotras le enseñamos a la gente cómo tratarnos*. Les enseñamos que nos traten con respeto o les enseñamos que nos traten con falta de respeto. ¿Cómo? Por la manera modesta o poco recatada de nuestra vestimenta. Luego de escucharme hablar por radio acerca de la importancia de la modestia, Christi (de unos veinte años de edad) me escribió la siguiente carta.

> Cuando comencé a trabajar como consejera en un campamento de verano cristiano, decidí que me negaría a dejarme pescar por algún muchacho en el campamento a fin de concentrarme por entero a las niñas de mi cabaña. Tenía mucho deseo de caerles bien y de que pensaran que estaba en la onda, así que me vestí con la ropa de última moda entre los jóvenes: prendas bien ceñidas, pantalones cortos bien cortos, vaqueros de tiro corto, camisetas con tiritas finitas o adheridas al cuerpo y muy cortas, pero que eran lo bastante largas como para que nadie me acusara de vestirme de manera inadecuada si me paraba bien derecha. También, todas las noches en la cabaña, les enseñé a las niñas a hacer varios de los últimos pasos de baile, algo que todas esperábamos y con lo cual nos divertíamos en grande.
>
> Muchas de las niñas del campamento anduvieron detrás de mí en lugar de buscar a las otras consejeras. Me decían que hubieran preferido aprender nuevos pasos de baile en nuestra cabaña por la noche en lugar de participar en los estudios bíblicos con sus otras consejeras. Disfrutaba al pensar en la gran influencia que podía llegar a tener en las vidas de estas niñas porque había captado su atención y admiración.
>
> Sin embargo, también obtuve la atención y la admiración de algunos de los consejeros masculinos del

campamento, lo cual hizo que fuera en verdad difícil no enredarme en una relación romántica. Decidí que podía tomarme las cosas a la ligera y payasear un poco con estos muchachos. Me perseguían con pistolas de agua, me llevaban a cuestas sobre la espalda hasta la cafetería, me deslizaban cubitos de hielo por la parte de atrás de la camisa y otras cosas divertidas por el estilo.

Una y otra vez les pedía que me dejaran tranquila para poder concentrarme en mis niñas, pero casi nunca respetaban mis peticiones, por más sincera que fuera.

Me quejé delante de Kathy (una de las otras consejeras) y le dije cómo los muchachos me distraían de lo que había venido a hacer. Ella puso su mano sobre la mía y con dulzura me dijo: «Christi, tus acciones hablan más fuerte que tus palabras. Aunque no tengas la intención de vestirte para atrapar muchachos, ellos no pueden dejar de fijarse en ti, teniendo en cuenta la forma en que vistes. Si te vistes como un juguetito y te presentas como un juguete, ¡los muchachos serán muchachos y tratarán de jugar con ese juguete!».

La magnitud de lo que había hecho se puso de manifiesto el último día del campamento. Me di cuenta de que todas las niñas se enrollaban los pantalones cortos para hacerlos tan cortos como los que yo tenía puestos. Llegaban a la cafetería montadas en la espalda de un algún niño y jugueteaban con ellos para llamarles la atención. Cuando vi a un grupo de mis niñas bailando frente a un grupo de niños, lo primero que pensé fue: *¡Son un poco pequeñas para danzar de esa manera!* No obstante, después me di cuenta de que eran las únicas que hacían los pasos de baile que yo les había enseñado. Yo no me había dado cuenta de lo provocativos que eran. Todos mis muy bien trazados planes de tener una influencia positiva sobre estas muchachas en el campamento se hicieron añicos debido a mi vestimenta indecente y a mis bailes.

Al año siguiente, cuando llegó el campamento, llevé pantalones cortos que no fueran tan cortos y camisas lo bastante largas como para meterlas dentro del pantalón. Tarde en la noche, les enseñé a las niñas algunas danzas litúrgicas al son de música cristiana, y hasta representamos una en la noche de los talentos en el campamento. Los muchachos no me molestaron mucho, así que en realidad pude darles mucho a las niñas. Aquel año, cuando me fui del campamento, me sentía mucho mejor conmigo misma que el año anterior.

La historia de Christi es solo una de las muchas que escucho de mujeres que reconocen que la manera en que se presentan les envía a los hombres mensajes no verbales pero claros en cuanto a cómo quieren que las traten. Aquí tenemos algunas muestras de otras:

Meg, cuarenta y tres años de edad:

Cuando era más joven, solían silbarme cuando caminaba por el centro comercial o por el estacionamiento. Ahora nunca recibo ninguna falta de respeto por el estilo. Cuando me di cuenta, pensé que no debo ser tan atractiva ahora que soy mayor, pero desde entonces me he dado cuenta de que no capto la atención inadecuada de los hombres sencillamente porque comencé a vestirme con más modestia y a presentarme como una mujer que tiene una misión de parte de Dios en lugar de parecer una mujer que tiene la misión de atrapar hombres.

Penny, treinta y dos años de edad:

Solía andar por la casa sin mucha ropa porque me sentía cómoda así. Sentía que tenía el derecho de hacerlo en la privacidad de mi propio hogar. Nunca había pensado en esto hasta que mi hijo de seis años trajo a un amigo a casa luego de la escuela. Bradley detuvo a su compañero de juegos en la puerta y escuché que le decía: «Espera a que me fije si mi mamá tiene algo de ropa puesta. Algunas veces, no tiene nada». Desde entonces, me he preocupado de verdad por ponerme algo más que ropa interior para andar por la casa. No deseo que mis hijos tengan que explicar la falta de modestia de su madre.

Elizabeth, treinta y ocho años de edad:

En el trabajo, nadie tenía en cuenta mis ideas y cuando iban a ascender a alguien, me pasaban de largo una y otra vez. Me hacía sentir furiosa y frustrada. Entonces, tuve la revelación de que si me vestía de una manera menos «seductora-profesional» y más «modesta-profesional», tal vez podían pensar en mí como algo más que una simple cara bonita para decorar la oficina. Me llevó algún tiempo renovar mi guardarropa, pero mientras más conservadora es mi ropa, más respeto y aprecio parecen tenerme, no solo los hombres, sino las mujeres, los clientes y los vendedores que vienen a mi oficina. Tampoco me hacen tantas proposiciones deshonestas cuando viajo como sucedía antes, lo cual es bueno. Prefiero que me respeten en vez de llamar la atención.

Aunque la Biblia no especifica el largo que debería tener una falda o cuáles son las partes de piel que deben estar cubiertas, siempre podemos volver al mandamiento de Jesús como una guía para saber cómo debemos vestirnos: Ama a tu prójimo como a ti mismo.

Imagina este escenario: Sabes que tu vecina está a dieta para bajar cinco kilos antes de su boda. También sabes que, si no pierde esos kilos, el vestido le quedará demasiado ajustado y se sentirá incómoda en el gran día. Sin embargo, tú eres una chef de cocina especializada en postres y necesitas que alguien te confirme que eres buena, así que insistes en que tu vecina coma las tortas y los pasteles de crema de coco y de chocolate caliente que le llevas a su casa todos los días. ¿Tu conducta hacia tu vecina es amorosa o egoísta?

Ahora piensa en esto: Sabes que los hombres se estimulan visualmente cuando tienen delante de sí el cuerpo de una mujer, en especial si está escasa de ropa. También eres consciente de que los hombres temerosos de Dios tratan con desesperación de honrar a sus esposas no permitiendo que su mirada se desvíe. A la luz de lo dicho, si insistes en usar ropa que revele tus elegantes curvas y tu tostada piel, ¿tu conducta es amorosa o egoísta? Esta es una buena pregunta para que te hagas cada mañana cuando te vistes para el día. En lugar de preguntar: «¿Con qué hombre me encontraré hoy y cómo llamaré su atención?», intenta preguntarte: «¿Ponerme esta ropa es una expresión de amor que no hará tropezar y caer a mis hermanos?».

Pablo escribe en su carta a Timoteo:

> En cuanto a las mujeres, quiero que ellas se vistan decorosamente, con modestia y recato, sin peinados ostentosos, ni oro, ni perlas ni vestidos costosos. Que se adornen más bien con buenas obras, como corresponde a mujeres que profesan servir a Dios. (1 Timoteo 2:9-10)

Por supuesto, el verdadero asunto al que se refería Pablo no era el cabello trenzado, las joyas ni la ropa costosa, sino la falta de modestia en los adornos externos. Dios desea que nos preocupemos más por nuestros corazones que por nuestra apariencia. La historia de la mujer ejemplar (también conocida como la mujer virtuosa de Proverbios 31) repite el mismo principio, pero también promete que Dios honrará esa integridad:

> Engañoso es el encanto y pasajera la belleza;
>   la mujer que teme al SEÑOR es digna de alabanza.

¡Sean reconocidos sus logros,
   y públicamente alabadas sus obras!
      (Proverbios 31:30-31)

Recuerda, con el tiempo, tu figura se vendrá abajo. Algún día, la piel se te arrugará, por más que la humectes de la mejor manera. Puedes asegurar que tu cuerpo volverá al polvo, pero el legado virtuoso de integridad y modestia que dejas a tus espaldas para tus hijos, tus nietos y las mujeres en las que influyes durará hasta mucho tiempo después de la tumba.

PUNTO DÉBIL 2: COMPAÑÍA COMPROMETEDORA

Por más que nos decidamos con todas nuestras fuerzas a convertirnos en mujeres de integridad sexual y emocional, la compañía que tenemos es capaz de socavar nuestros sinceros esfuerzos. Aunque debemos asumir la responsabilidad de nuestras acciones, también debemos asegurarnos de que los demás asuman la suya. Cuando alguien rechaza la responsabilidad o no la toma con seriedad, el amigo enseguida se convierte en enemigo. Eso fue lo que le sucedió a Pat.

A los cuarenta y cinco años de edad, Pat nunca esperó encontrarse sola de nuevo. Cuando su esposo la dejó por otra mujer, juró olvidarse de todos los hombres. Eso duró unos tres años. Luego comenzó a pensar que si un hombre solo, maduro y comprometido con Cristo se le cruzaba por el camino y le expresaba su interés en ella, estaría dispuesta a explorar una nueva relación. Escribe así:

Por sobre todas las cosas, lo que buscaba era compañía. Deseaba tener a un hombre que disfrutara de tenerme y me hiciera reír. Cuando conocí a Michael, sentí que llenaba todas mis expectativas. Como era un cristiano comprometido, pensé que sin duda tendríamos los mismos valores incluyendo los límites sexuales. Supuse que las cosas avanzarían con lentitud sin la presión de pasar a lo físico. Michael y yo nos sentíamos muy atraídos el uno al otro, y hablamos acerca de lo indebido que sería tener relaciones sexuales fuera del matrimonio, pero en realidad no discutimos ningún otro límite aparte de ese.

Sin embargo, se hizo claro que el punto de vista de Michael en cuanto a qué otras actividades sexuales eran aceptables fuera del matrimonio no estaban de acuerdo con mis propias convicciones. Sus besos suaves, poco a poco se volvieron más apasionados, y sentí una presión sutil en sus manos errantes y en los masajes corporales. Me di cuenta de que dependía de mí trazar una línea y poner en vigencia los límites; pero en tanto que yo trataba de hacerlo, él trataba de convencerme de volver a sus límites. Michael me gustaba de verdad, pero me sentí frustrada y resentida al ver que seguía intentando debilitarme. ¿No leía la misma Biblia que yo? En vista de la claridad de la Palabra de Dios en cuanto a ni siquiera nombrar la inmoralidad sexual, me preguntaba por qué teníamos estas discusiones.

Al final, tuve que abandonar esta relación. Es de lamentar que para ese entonces le hubiera dado mi corazón, y aunque abandonarlo fuera lo apropiado, fue algo increíblemente difícil de hacer. Me llama de vez en cuando para ver si le doy otra oportunidad, pero solo pienso que no es buena compañía para tener cerca si no puede respetar mis límites personales.

Pat se valoraba demasiado como para dejar que se aprovecharan de ella y la obligaran a abandonar por completo sus valores morales. Nos dice: «Seré mucho más sabia la próxima vez, no solo con respecto a mi cuerpo, sino también con respecto a mi corazón». Por fortuna, Pat se dio cuenta de que Michael daba por sentado que ella le pertenecía al tratar de empujarla más allá de lo que permitían sus convicciones personales.

Cuando estás con alguien, le das a esa persona un regalo: *tu presencia*. Es verdad. El regalo de tu compañía es muy precioso y tiene un valor que va más allá de toda descripción. Debajo de tus pechos hay un corazón palpitante en el cual el Espíritu Santo hace su hogar. Detrás de tu rostro hay un cerebro que posee la mente de Cristo. Ten cuidado con los hombres que tienen gran curiosidad por el envoltorio, pero no ven el valor de lo que hay dentro del envase. Es probable que quieran jugar con el moño... desatar la cinta... espiar a través del envoltorio.

Jamás olvidaré la primera Navidad de mi hermana. A los nueve meses, estaba enamorada de los paquetes y las cintas. Tuvimos que poner el árbol de Navidad dentro de un corral para evitar que desenvolviera todos los regalos. Cuando alguno de los miembros de la familia le dábamos un regalo, Erin rompía el envoltorio con un deleite absoluto, tiraba a un lado el regalo y jugaba extasiada con el papel, las cintas y los moños.

Muchos hombres hacen justo lo mismo con las mujeres. Aunque el regalo de adentro (su corazón y su alma) tiene gran valor, lo que más les interesa y lo que motiva sus acciones es el envoltorio. Los hombres que valoran más el envoltorio (el cuerpo) que el regalo que hay adentro, son mala compañía. Como mujeres de gran valor, perlas de gran precio, tenemos todo el derecho a negarnos a agraciarlos con nuestra presencia, y debemos aprender a ejercer este derecho como hizo José con la esposa de Potifar:

> José tenía muy buen físico y era muy atractivo. Después de algún tiempo, la esposa de su patrón empezó a echarle el ojo y le propuso:
> —Acuéstate conmigo.
> Pero José no quiso saber nada, sino que le contestó:
> —Mire, señora: mi patrón ya no tiene que preocuparse de nada en la casa, porque todo me lo ha confiado a mí. En esta casa no hay nadie más importante que yo.

Mi patrón no me ha negado nada, excepto meterme con usted, que es su esposa. ¿Cómo podría yo cometer tal maldad y pecar así contra Dios?

Y por más que ella lo acosaba día tras día para que se acostara con ella y le hiciera compañía, José se mantuvo firme en su rechazo. (Génesis 39:6-10)

¿Te imaginas a un esclavo que sea lo bastante atrevido como para negarse incluso a estar en presencia de la esposa de su amo? Es evidente que José sabía que las malas compañías corrompen el buen carácter. Era un hombre de gran valor e integridad y, con el tiempo, Dios lo bendijo ricamente y le confió muchas cosas a su cuidado debido a su integridad.

Entonces, ¿qué me dices de ti? Pídele a Dios que te dé esta clase de valor y de integridad. Decídete a no entregar el regalo de tu presencia a cualquiera que lo desee. Recuerda, eres una perla de gran precio, una mujer que se debe atesorar. Al tener cuidado con las compañías que te rodean, puedes asegurarte de que tu templo del Espíritu está bien protegido.

PUNTO DÉBIL 3: ACCIONES COMPROMETEDORAS

Antes de casarse y de establecerse hace treinta años, Terri frecuentaba con sus amigos los salones locales de baile country del oeste como diversión de los fines de semana. Las noches de los viernes y los sábados estaban llenas de apuestos muchachos bailadores de música country, algunos tragos mezclados y alguna aventura que llegaba a la cama de vez en cuando. «Cuando me casé, mi esposo y yo íbamos a los clubes nocturnos a bailar solo en ocasiones muy especiales», recuerda Terri con un tono de remordimiento.

Desde que quedó viuda hace dos años, a los cincuenta y tres años de edad, sus compañeras de trabajo la han invitado a salir a bailar muchas veces. Cansada de sentarse un rato aquí y otro rato allá y de sentir lástima de sí misma, al final cedió. «Los fines de semanas son momentos en particular solitarios para mí. Pensé que sería bueno salir de la casa y volver a la pista de baile para divertirme un poco y hacer ejercicio».

Cuando se deslizó dentro de sus vaqueros Wrangler, Terri se sintió orgullosa al ver lo atractiva que era todavía a su edad. No cabía duda de que le pedirían que bailara muchas veces antes de que terminara la noche.

Al entrar en el saloncito de baile, el corazón de Terri latía sincronizado con el bajo, y le brillaban los ojos mientras su mirada seguía las luces de colores que giraban por la habitación. Junto a sus amigas se abrieron paso con dificultad entre la multitud para encontrar una mesa desocupada y acomodarse sobre las banquetas altas a fin de pedir una vuelta de tragos. Antes de que su margarita de fresa llegara a la mesa, un caballero alto con un elegante sombrero negro de vaquero se inclinó por el hombro de Terri y gritó por encima de la música: «Hola, señora. ¡Soy Brett y me encantaría que me concediera el siguiente baile!».

Mientras les echaba una mirada a sus amigas y sonreía con placer, Terri tomó la mano de Brett y arrastró los pies hasta el centro de la pista. Al llegar allí, él le pasó un brazo alrededor de su pequeña cintura y con la palma de la mano encerró la suya. Apretó su mejilla contra la de ella y así, Brett la escoltó dando vueltas y vueltas alrededor, moviendo los pies al compás de dos tiempos y dando un giro de tanto en tanto que hacía que la mente y el corazón de Terri dieran vueltas de entusiasmo.

La medianoche llegó con rapidez y luego de muchos bailes y algunos tragos, Brett le preguntó si podía ir a su casa. «Mis amigas de la oficina nunca me perdonarán si no vuelvo a casa de la misma manera que vine», contestó Terri. Como se sintió halagada ante su evidente desilusión, garabateó su número de teléfono en una servilleta y lo deslizó dentro de uno de los bolsillos de su camisa. De mala gana, se dio vuelta para alejarse de la luna de luces de neón para regresar a casa con sus amigas, con la esperanza de que Brett la invitara a salir el fin de semana siguiente.

Terri entró a su casa oscura con el temor de dormir sola otra vez en su cama matrimonial. Se dirigió hacia la cocina para ver los mensajes que tenía y se sorprendió cuando el teléfono sonó. El placer la inundó al escuchar el sonido de la voz de Brett. Todavía bajo el efecto de las margaritas que había tomado, accedió a recibirlo unos momentos ahora que sus amigas nunca se enterarían.

Es triste, pero las acciones comprometedoras de Terri pueden llevarla a descubrir lo que muchas mujeres descubren de la peor manera al regresar a la escena de las salidas: *No es la misma escena de hace muchos años atrás.* Hasta la década de los setenta, los investigadores tenían conocimiento solo de dos clases importantes de enfermedades de transmisión sexual: la sífilis y la gonorrea. Las dos se curaban con facilidad con una dosis alta de penicilina, así que estas enfermedades no eran un gran impedimento para la actividad sexual.

Sin embargo, hoy en día los investigadores estiman que hay entre veinte y veinticinco tipos de enfermedades de transmisión sexual, de las cuales discutiremos solo unas pocas. Un panel de expertos informó las siguientes cifras calculadas por la incidencia, el predominio y el costo de las enfermedades de transmisión sexual en los Estados Unidos:

- Por años, los estadounidenses presentan quince millones de nuevos casos de enfermedades de transmisión sexual.

- El predominio actual de enfermedades de transmisión sexual supera los sesenta y ocho millones.

- El costo directo anual por las enfermedades de transmisión sexual es de más de ocho mil millones de dólares.

- La enfermedad de transmisión sexual que infecta casi siempre a la mayoría de los estadounidenses es el herpes (cuarenta y cinco millones).

- La que tiene la incidencia anual más alta de las infecciones nuevas es el virus del papiloma humano (VPH) (cinco millones y medio)[1].

Una de las enfermedades de transmisión sexual que recibe mucha prensa es el VIH, que con el tiempo se convierte en sida y, por supuesto, es mortal. Aunque los esfuerzos de prevención del sida se han orientado históricamente a los homosexuales y a los adolescentes, en algunas áreas del país las tasas más altas de transmisión heterosexual del sida se encuentran en la población de más de cincuenta años. *Así es, dije gente de más de cincuenta años.* En el condado de Palm Beach, Florida, una de las zonas más populares para los jubilados, la tasa de infección de VIH en personas ancianas alcanzó setenta y un por ciento entre 1992 y 1993[2].

Si no fuera que oímos hablar tanto acerca del VIH, oiríamos más acerca del VPH. Esta enfermedad tiene la tasa anual más alta de infección (repito, cinco millones y medio de personas al año, solo en Estados Unidos). En tanto que las infecciones bacterianas pueden tratarse con antibióticos, no hay cura médica para las infecciones virales como el VPH, el herpes y el VIH. Se pueden tratar los síntomas de las infecciones virales, pero en definitiva, el virus se queda en tu cuerpo toda la vida. Veamos lo que nos dice el *Medical Institute for Sexual Health* (MISH) [Instituto Médico de Salud Sexual] acerca del VPH:

- El VPH es el virus presente en más de noventa y tres por ciento de todos los cánceres de cuello del útero.

- En Estados Unidos, son más las mujeres que mueren de cáncer de cuello del útero que de sida cada año.

- La mayoría de los estadounidenses, incluyendo a los profesionales del cuidado de la salud, por lo general no tienen conciencia del predominio dramático del VPH. Además de cáncer de cuello del útero, el VPH también puede producir cáncer vaginal, de la vulva, del pene, anal y oral.

- El Dr. Richard Klausner del Instituto Nacional del Cáncer, ha afirmado: «Los preservativos no son eficaces contra el VPH porque el virus sobrevive no solo en la mucosa [húmeda], sino también en la piel seca del abdomen y de la ingle, y puede emigrar de esas zonas hacia la vagina y el cuello del útero»[3].

El Instituto Médico de Salud Sexual estima que entre setenta y ochenta por ciento de las veces el portador de una enfermedad de transmisión sexual no tiene el menor síntoma. Sin los análisis médicos adecuados, es probable que nunca te enteres que tienes la enfermedad, pero puedes estar segura de que se la transmitirás a cualquier persona con la que entres en contacto íntimo. Muchas de estas enfermedades son siempre tus compañeras y es muy probable que infecten a cualquiera con el que mantengas cualquier clase de actividad sexual (vaginal, oral, anal o masturbación mutua).

Ciertos sectores de la sociedad han convencido a muchas personas de que si tienes relación sexual protegida («relación sexual segura»), no debes temer a estas enfermedades. Aunque el uso de un preservativo quizá haga que la relación sexual sea más segura que una que no tiene ninguna protección, los preservativos no hacen de ninguna manera que el acto sexual sea *seguro*. En un estudio para determinar si los condones protegen de la diseminación del virus de VIH, los investigadores calcularon que son eficaces solo sesenta y nueve de las veces. Eso deja un factor de riesgo de treinta y un por ciento. Se cita a la Dra. Susan Weller cuando dice: «No se le hace ningún favor a la gente al alentar la creencia de que los preservativos *evitarán* la transmisión sexual del VIH»[4].

La única manera verdadera de protegerte es guardarte del compromiso sexual por completo. Ningún preservativo te protege del todo de las consecuencias físicas de un comportamiento sexualmente inmoral. Lo que es más importante aun es que ningún preservativo protege de las consecuencias espirituales del pecado (la ruptura de la comunión con Dios). Tampoco te protegen de las consecuencias emocionales de un corazón destrozado. Por lo tanto, no pienses en términos de «relación sexual segura», sino en términos de «asegurar la relación sexual» hasta el matrimonio. Es sabia la mujer que evita las conductas comprometedoras que pueden poner en riesgo de enfermedad a su cuerpo.

Si esta revelación viene luego de que te has permitido pasarte de la raya en los límites físicos, hazte un favor y consulta a un médico para que te haga un estudio de enfermedades de transmisión sexual. El tratamiento te puede salvar la vida a ti y a otros.

ALGUNOS LÍMITES MÁS

Si proteges tu cuerpo de los puntos débiles de la ropa comprometedora, las compañías comprometedoras y las acciones comprometedoras, e incorporas los límites para tus pensamientos, tus emociones y tus palabras como hablamos en los capítulos anteriores, deberías tener una armadura completa de protección. Entonces, antes de cerrar nuestra discusión sobre guardar nuestros cuerpos, aquí tenemos algunos otros límites personales a considerar:

- Reserva los abrazos para las amigas y los miembros inmediatos de la familia. No es común que el abrazo con un hombre sea del todo necesario debido a que un apretón de manos, una palmada en la espalda o una sonrisa son suficientes. Si decides que lo apropiado es un abrazo, dale un «abrazo de hermano», es decir, una persona junto a la otra mientras le rodeas el hombro para darle un rápido apretón o le palmeas la espalda. Si un hombre viene hacia ti de frente y te abraza de manera inesperada, sencillamente inclina tu cuerpo hacia delante para que te abrace el cuello en lugar del cuerpo.

- Cuando te aventures a alguna parte, ya sea en la ciudad, en el campus universitario o en el pasillo, asegúrate de no apartarte del camino para correr hacia los muchachos que siempre te dicen cumplidos o te hacen sentir bien. La compañía de algunos caballeros es muy divertida y es fácil sentirse tentada a ponerse en su camino tan solo para que nos llenen el tanque emocional o nos froten el ego. Sin embargo, ponernos en su camino también significa caminar por el sendero de la tentación. Recuerda: «Cuando conduzcas, mantente en tu carril».

- Muchos hombres y mujeres íntegros han decidido no estar nunca a solas con alguien del sexo opuesto sin que haya una tercera persona a la vista que pueda oír. Billy Graham nos cuenta que tiene a un hombre que lo escolta desde las reuniones hasta la habitación de su hotel para no encontrarse nunca en una situación en que tenga que conversar con una mujer a solas. Es evidente que Dios ha honrado este límite con un ministerio fructífero, y estoy segura de que la señora Graham también ha valorado la integridad de Billy. Si no nos permitimos nunca estar a solas con un hombre, es muy difícil que se produzca una aventura, y para los cristianos, es tan importante evitar las malas apariencias como evitar el mal mismo.

- Elige muy bien con quién vas sola en el auto. El interior de un auto es un lugar de suma intimidad (como muchas de nosotras descubrimos cuando comenzamos a tener citas en los autos). La sensación de aislamiento y reclusión del resto del mundo mientras uno se encuentra en un auto cerrado, proporciona el entorno perfecto para que florezcan las acciones o los pensamientos inadecuados.

- Siempre deja la puerta abierta cuando hay un hombre en tu oficina y mantén la puerta bien abierta si un compañero de trabajo entra a tu despacho. Conozco a una supervisora que puso una puerta de vidrio en su oficina para que cuando los empleados desearan hablar en privado con ella nunca hubiera dudas sobre lo que sucedía detrás de su puerta cerrada.

Recuerda que tu cuerpo es el templo del Espíritu Santo y tu corazón, la morada de Dios. Como creyente, tienes la mente de Cristo y tus palabras son instrumentos de su sabiduría y de su aliento para otros. Cuando te pones toda la armadura de Dios y guardas de manera vigilante tu cuerpo, tu corazón, tu mente y tu boca sin comprometerte, te encuentras bien encaminada hacia una cosecha de beneficios físicos, emocionales, mentales y espirituales de integridad sexual.

No se engañen: de Dios nadie se burla. Cada uno cosecha lo que siembra. El que siembra para agradar a su naturaleza pecaminosa, de esa misma naturaleza cosechará destrucción; el que siembra para agradar al Espíritu, del Espíritu cosechará vida eterna.

Gálatas 6:7-8

TERCERA PARTE

Acepta la victoria en la retirada

Dulce entrega

No dejen que ninguna parte de su cuerpo se convierta en instrumento del mal, útil al pecado; entréguense por completo a Dios, enteramente, porque ustedes han escapado de la muerte y desean ser instrumentos en las manos Dios que Él use para sus buenos propósitos.

ROMANOS 6:13, LBD

Mindy, una participante de uno de mis grupos de crecimiento de *Women at the Well*, vino a mi oficina al borde de la desesperación:

Ya no actúo más de maneras eróticas, pero tengo verdaderas luchas con otros problemas. No sé qué sucede, pero parece que no puedo llevarme bien con ninguna de mis compañeras de cuarto. No soporto estar con ellas, pero tampoco soporto estar sola. Detesto lo que veo cuando me miro al espejo. [Mindy es una joven de una belleza despampanante]. Me siento estresada, ansiosa y enojada la mayor parte del tiempo, pero no sé por qué. No puedo dormir de noche y tengo el corazón acelerado por completo. He estado descompuesta por una razón u otra durante meses, pero cuando fui al médico para hacerme un control, no encontró nada fuera de lugar. Tengo la misma clase de pensamientos suicidas que tenía antes cuando me encontraba en una clínica siquiátrica. ¿Puedes ayudarme?

Teniendo en cuenta la gravedad de las palabras de Mindy, no estaba segura de que pudiera hacerlo. No soy sicóloga, así que la animé a que conversara con un profesional en la universidad.

Luego le pregunté si podíamos conversar. Mindy insistió en que era fiel a sus tiempos devocionales, que no tenía nada que ver con el abuso de sustancias, que comía una dieta bastante sana y que había perdonado a todos sus novios anteriores y también a sus padres y hermanos por todas las ofensas que le parecía que le habían hecho. «No me queda una por perdonar. He repasado la lista una y otra vez en mi mente», insistió Mindy.

Ahora, la que se encontraba al borde de la desesperación era yo, ya que no podía figurarme qué era lo que la perturbaba tanto, así que terminé nuestra sesión con una oración. «Dios, por favor, danos claridad en cuanto a lo que sucede en la mente, en el corazón y en el cuerpo de Mindy, y danos discernimiento en cuanto a cómo remediar esta situación», rogamos.

Subí al auto y me dirigí hacia las oficinas centrales de Barcos de Misericordia [Mercy Ships International] adonde llegaba tarde para una clase de discipulado. El orador del día era el pastor Mel Grams, que ya había comenzado su conferencia sobre el perdón. Quedé sorprendida mientras él daba la siguiente información de un artículo del número de enero de 1999 de la revista *Prevention*. Los síntomas relacionados con la falta de perdón eran un calco directo de los de Mindy.

De acuerdo con este artículo, los sicólogos informaban que la falta de perdón produce sentimientos negativos hacia la gente en general, la incapacidad para reconocer y disfrutar de relaciones buenas en potencia y los siguientes problemas sicológicos:

- ansiedad crónica
- depresión seria
- desconfianza general
- baja autoestima
- ira y odio
- resentimiento

Además, los médicos también citaron las siguientes consecuencias físicas de la falta de perdón:

- descargas de hormonas que aceleran el ritmo cardíaco
- limita o invalida el sistema inmunológico
- las probabilidades de infarto aumentan a quinientos por ciento
- riesgo de presión alta y colesterol
- aumenta el riesgo de coágulos de sangre y cáncer
- muchos otros problemas crónicos[1]

Tenía la sensación de que había algo más detrás de este panorama, así que oré de nuevo: «Señor, ¿por qué Mindy tiene tantos de estos síntomas aunque haya perdonado a todos los que alguna vez la hirieron?». Entonces, se me prendió la lamparita. Había perdonado a todos, ¿pero se había perdonado *ella*?

Copié mis notas con desesperación y las llevé al grupo de crecimiento aquella noche para conversar con Mindy acerca de ellas. «¿Estos síntomas se parecen a los que sufres?» Al leer la lista, contestó que sí a la mayoría de ellos. Le dije: «Mindy, esto es lo que los sicólogos y los médicos dicen que produce la falta de perdón en una persona. Dijiste que perdonaste a todos los que te podías imaginar, ¿pero te has perdonado a ti misma?».

Sus grandes ojos marrones se llenaron de lágrimas antes de poder decir palabra. «No, y no sé si alguna vez podré hacerlo», exclamó.

SOLTEMOS EL DOLOR EMOCIONAL DEL PASADO

Si deseas ganar la batalla de la integridad sexual, debes soltar el dolor emocional del pasado. Tal vez te hirió un padre ausente, ya sea en el aspecto emocional o físico. Quizá la distancia en la relación con tu madre te dejó una sensación desesperante de soledad. A lo mejor tus hermanos o amigos nunca te trataron con dignidad o respeto. Si te maltrataron de cualquier manera (física, sexual o verbal) cuando eras niña, es probable que tengas ira y dolor que todavía debas remediar.

Es posible que antiguos amantes se aprovecharan de tus puntos vulnerables, te tomaran el pelo o te fueran infieles. O tal vez nunca entendiste por qué Dios permitió que sucediera _____ (llena el espacio en blanco). Sin importar cuál sea su origen, debemos rendir el dolor de nuestro pasado para estar fuertes en la batalla de la integridad sexual y emocional.

A mí me llevó un largo tiempo soltar el dolor de la pérdida de mi hermana de ocho años de edad cuando yo solo tenía cuatro y perdonar a Dios por permitir su muerte. Tuve dificultad en perdonar al muchacho de dieciocho años que me forzó a ir a la cama cuando solo tenía catorce años. Y me llevó años liberar la amargura y la ira que sentía hacia mi padre por estar tan desconectado de mí en el ámbito emocional. Con el tiempo encontré la gracia de Dios para cada persona que de alguna manera me había abandonado, desilusionado u ofendido. Sin embargo, perdonarme a mí misma por las decisiones pobres que había tomado a través de mi vida parecía requerir mucha más gracia de la que era capaz de reunir. Cada vez que reflexionaba en lo que había hecho, pensaba: *No puedo creer que haya sido tan tonta. Tendría que haberlo sabido. Nadie me amaría si supiera todas las cosas que he hecho.*

Poco sabía que ese tipo de pensamientos me hacían más vulnerable a las tentaciones emocionales y sexuales. Mi autoestima se encontraba por el suelo, así que a menudo buscaba reafirmación de fuentes externas, en especial de hombres mayores. Me sentía del mismo modo que Mindy: detestaba lo que veía en el espejo cada día (y tenía la esperanza de que si los hombres pensaban que era atractiva, tal vez yo también podría creerlo). Aun así, ni encontrar un esposo resolvió mi problema. No bastaba con tener a un hombre que pensaba lo mejor de mí. Aun con un anillo de bodas en el dedo, mi antena seguía levantada para ver quién se fijaba en mí. Y cuando mi radar se encendía y sabía que alguien me tenía en la mira, muchas veces era una presa segura.

Me decía: *Es mejor que cedas. Ya sabes cómo eres cuando te sientes tentada. ¿Qué tiene de malo si lo haces una vez más?*

Un día, cuando me encontraba castigándome por otra aventura emocional más, mi mejor amiga me interrumpió con estas palabras que me hicieron pensar: «¿Sabes lo que dices acerca de la sangre que Jesús derramó por ti cuando te niegas a perdonarte por tu pasado? Dices que su sangre no fue lo bastante buena para ti. No tuvo el poder suficiente para limpiarte». Tenía razón. Debajo de toda la lástima que sentía por mí, se encontraba la creencia de que lo que Jesús hizo a mi favor no podía ser suficiente de ninguna manera para librarme de mis manchas. Necesitaba alguna especie de milagro que me liberara, y hasta que obtuviera ese milagro, tenía que castigarme como un acto de penitencia.

Si esto te parece conocido, ¿sabes una cosa? El Espíritu Santo te dice lo mismo que me dijo en aquel entonces: *Jesús abrió la puerta de tu prisión. ¡La salida de allí depende de ti!* ¿Cómo se hace? Perdonando a cada persona que alguna vez te haya ocasionado dolor, incluyéndote a ti. Si Dios no te despreció por las maneras en que trataste de llenar el vacío de tu corazón, tú tampoco deberías despreciarte. Pablo predicó: «Esta justicia de Dios llega, mediante la fe en Jesucristo, a todos los que creen. De hecho, no hay distinción, pues todos han pecado y están privados de la gloria de Dios, pero por su gracia son justificados gratuitamente mediante la redención que Cristo Jesús efectuó» (Romanos 3:22-24).

En otras palabras:

- La justicia no proviene de una manera de vivir perfecta, sino que es un regalo de Dios.

- No recibimos este regalo porque lo merezcamos, sino solo por la fe en Jesucristo (y en la sangre que derramó por la redención de nuestros pecados).

- Somos justificados de forma gratuita por la gracia de Dios, sin condiciones.

Cuando soy justificada, es «como si nunca hubiera hecho esas cosas». Entonces, ¿por qué continuamos castigándonos? ¿Por qué permitimos que nuestra miseria afecte nuestra salud mental y física? No tienes por qué llevar a cuestas todo ese bagaje emocional. Entrega tu dolor y tu mochila llena de culpa y vergüenza; lo único que logra es hacerte sentir cansada y hacerte refunfuñar. Viaja liviana y permite que el gozo del Señor sea tu fortaleza. Cuando soltamos la amargura se fomentan cambios saludables en nuestras actitudes, se promueven cambios saludables en nuestros cuerpos, bajan los niveles de la presión arterial y del ritmo cardíaco, se estimula la autoestima y recibimos sentimientos de esperanza y paz.

El perdón es esencial no solo para la sanidad emocional y física, sino también para la verdadera adoración. Mateo 5:23-24 dice: «Por lo tanto, si estás presentando tu ofrenda en el altar y allí recuerdas que tu hermano tiene algo contra ti, deja tu ofrenda allí delante del altar. Ve primero y reconcíliate con tu hermano; luego vuelve y presenta tu ofrenda». En otras palabras, Dios desea que nos reconciliemos los unos con los otros antes de que vayamos a Él en adoración. Creo que no solo desea nuestra reconciliación con los demás, sino que desea que también nos reconciliemos con nosotros mismos.

Cuando no perdonamos, nos bloqueamos en lo espiritual. No crecemos. En 2 Corintios 2:10-11, Pablo escribe: «A quien ustedes perdonen, yo también lo perdono. De hecho, si había algo que perdonar, lo he perdonado por consideración a ustedes en presencia de Cristo, para que Satanás no se aproveche de nosotros, pues no ignoramos sus artimañas». Aquí, Pablo advierte que Satanás usa la falta de perdón como una herramienta para traernos la destrucción. El perdón echa a perder los planes de Satanás de atrofiar nuestro crecimiento espiritual.

Para entrar en el proceso del perdón, debes dar estos pasos:

- Reconoce tu ira y tu dolor. Es muy real y Dios sabe que está allí.

- Comprende que si te aferras a ese dolor lo único que logras es quedarte atrás.

- Suelta de manera consciente toda necesidad de venganza.

- Considera la fuente de tu dolor: Las personas heridas hieren a otros. Ponte en sus zapatos.

- Ora con sinceridad por quienes te han herido y pídele a Dios que sane las heridas que hacen que hieran a los demás.

- Ora para que tus heridas no te impulsen a hacerle lo mismo a los demás[2].

Pasé por cada uno de los pasos en el proceso de perdonar a mi padre, a mi esposo, a todos los otros hombres que me hirieron y por último estuve en condiciones de perdonarme yo. Como resultado, por fin pude superar la barricada que me había impedido experimentar a plenitud el amor de mi Salvador durante tanto tiempo.

No solo necesitamos rendir el dolor emocional pasado, sino que para que nuestros corazones reciban el amor que Dios quiere derramar sobre nosotros, también debemos rendir nuestro orgullo.

RENUNCIA AL ORGULLO PRESENTE

Una de las primeras frases completas que mi hija aprendió a formular cuando era una preescolar fue: «¡Mi hace solita!». Aplaudía los deseos de Erin de ser autosuficiente, excepto cuando su deseo de ser independiente sobrepasaba su capacidad para arreglárselas sola.

Siempre se negaba a darme la mano mientras caminábamos porque deseaba caminar solita. Algunas veces, se perdía de momento en el avance de una multitud o caía de bruces sobre la acera y lloraba para que mami o papi la levantaran. Aunque esto quizá parezca irresponsabilidad paterna, sabíamos que si la obligábamos a que nos diera la mano no le enseñaríamos nada. Si le permitíamos tropezar y caer un poquito, le enseñaríamos a no ser demasiado orgullosa como para no pedir ayuda cuando la necesitaba. Nuestro Padre celestial hace lo mismo con nosotros. Nunca nos *obliga* a tomarnos de su mano y nos permite experimentar la necesidad de ella de tal manera que la *deseemos*. Cuando nos decimos: *Puedo manejar sola esta batalla, no necesito ayuda, puedo arreglármelas sin rendirle cuentas a nadie*, nos preparamos para una caída.

Hace poco escuché una declaración que hizo que el corazón me diera un vuelco: «Nunca te pareces más a Satanás que cuando estás lleno de orgullo». ¿No es verdad? El orgullo hizo que a Satanás lo expulsaran del cielo. El orgullo impide que los pecadores le pidan a Jesús que sea su Salvador y se sometan a su señorío, y el orgullo les impide a los cristianos arrepentirse de las cosas que los hicieron tropezar y caer, como el compromiso sexual y emocional.

Las consecuencias del orgullo pueden ser devastadoras de verdad. El orgullo de Eva hizo que la expulsaran del jardín del Edén cuando la engañaron para que creyera: *Puedo ser tan sabia como Dios si como de esta fruta*. Cuando Moisés guiaba al pueblo de Dios a través del desierto, supuso que Dios necesitaba su ayuda cuando les preguntó a los israelitas: «¿Acaso tenemos que sacarles agua de esta roca?» (Números 20:10). Esta falta de honra a Dios, al no reconocer que era el único capaz de hacer semejante milagro, lo descalificó para ser el líder que en verdad guiaría al pueblo a la tierra prometida. Cuando David espió a Betsabé desde su azotea, se debe haber dicho: «Soy el rey, y el rey obtiene lo que quiere». Su orgullo lo llevó a cometer adulterio con Betsabé y luego a asesinar a su esposo, Urías, al enviar a este fiel comandante al frente de batalla para asegurarse de que lo mataran. Estoy segura de que Eva, Moisés y David testificarían que algunas veces el orgullo es capaz de levantar su horrenda cabeza y morderte incluso antes de que reconozcas que ha invadido tu corazón. Por lo tanto, en esta batalla de la integridad emocional y sexual, es importante que aprendas a reconocer el orgullo y te arrepientas antes de tener una caída.

He aquí algunas ilustraciones de cómo el orgullo puede hacernos vulnerables a la tentación sexual y emocional:

- Aunque está casada, Carla alega que no tiene nada de malo que su amigo Danny coquetee con ella y le haga bromas. Cuando lanza alguna insinuación sexual, responde con amabilidad e insiste en que toda mujer haría lo mismo: *Traducción: Las reglas de lo que está bien y lo que está mal no se ajustan a mí. Puedo flexibilizar las normas de la rectitud porque otros también lo hacen.*

- Aunque en un tiempo Alicia participaba de forma activa de un grupo en el que se rendían cuentas, ha dejado de asistir porque pasa mucho tiempo con su nuevo novio, Rob. Preocupadas por su repentina desaparición, la amiga del grupo de Alicia ha tratado varias veces de asegurarse de que permanezca fiel a su compromiso de poner a Dios en primer lugar en su vida y a no dejarse arrastrar a otra relación que involucre acto sexual. Estas llamadas le molestan, se niega a levantar el auricular del teléfono y desea que todos los dejen a ella y a Rob solos. *Traducción: No necesito a nadie que me pida cuentas de lo que hago. Estoy por encima de la tentación o de los reproches. Lo que hago no le incumbe a ninguna otra persona.*

- Los cambios de humor premenstruales de Shirley han alejado cada vez más al que es su esposo desde hace quince años. Para compensar su falta de conexión emocional, sus conversaciones con un amigable compañero de trabajo se han vuelto cada vez más íntimas. *Traducción: Si mi esposo no satisface mis necesidades emocionales, procuraré satisfacerlas en cualquier otra parte.*

El orgullo supone varias cosas:

- Me merezco cualquier cosa que desee.

- Mis necesidades se deben satisfacer a cualquier precio.

- La vida gira en torno a mí y a mi placer.

- Las reglas se aplican a todos los demás, menos a mí.

- Estoy por encima de las consecuencias.

Aunque nunca hagamos estas declaraciones en voz alta, ¿acaso nuestras acciones no ponen de manifiesto algunas veces que estas actitudes son ciertas?

Si anhelamos ser mujeres de integridad sexual y emocional, debemos rendir nuestro orgullo. Santiago 4:6 nos recuerda: «Dios se opone a los orgullosos, pero da gracia a los humildes». Podemos imaginarnos lo que será que Dios nos resista (¡y temblar ante la idea!). Sin embargo, ¿cómo será la «gracia» que Dios les da «a los humildes»? Tito 2:11-14 lo describe de forma vívida:

> En verdad, Dios ha manifestado a toda la humanidad su gracia, la cual trae salvación y nos enseña a rechazar la impiedad y las pasiones mundanas. Así podremos vivir en este mundo con justicia, piedad y dominio propio, mientras aguardamos la bendita esperanza, es decir, la gloriosa venida de nuestro gran Dios y Salvador Jesucristo. Él se entregó por nosotros para rescatarnos de toda maldad y purificar para sí un pueblo elegido, dedicado a hacer el bien.

¿Deseas estar en condiciones de decirle no a las pasiones del mundo? ¿Deseas vivir una vida recta, justa y de autocontrol? ¿Deseas ser purificada como posesión de Dios? ¿Deseas estar dispuesta a hacer lo que está bien? No puedes hacer estas cosas «¡so solita!» como solía decir Erin; pero Dios puede darte lo que necesitas cuando te humillas delante de Él y dices: «Rindo mi orgullo. Necesito ayuda a fin de experimentar tu plan para mi satisfacción sexual y emocional, y estoy dispuesta a rendir cuentas por mis acciones».

Luego mantén los ojos abiertos en busca de esa compañera a la cual le rendirás cuentas. Tal vez sea una amiga o una hermana, una maestra, una consejera o una tutora. Aunque te sientas tentada a buscar a alguien que te comprenda, es probable que tengas más éxito a largo plazo con alguien que no esté en medio de una lucha ni que acabe de vencer la misma lucha. Si se engancha a dos bueyes débiles para que aren un campo, no resulta tan eficaz como si se engancha a uno débil con uno fuerte.

Cuando tienes una maestra que te puede mostrar cómo crecer sobre la base de una dieta de humildad, eres capaz de descubrir un cambio sanador en tu apetito. Recuerda, no podemos pecar y ganar. Si hay pecado emocional o sexual en tu vida, debes hacerlo morir de hambre. No puedes simplemente «podarlo» o volverá a crecer enseguida, incluso mayor que antes. Al pecado hay que arrancarlo de raíz.

Con todo, tal vez te preguntes si en realidad quieres quitar de raíz algunos hábitos. Quizá te *guste* de verdad hacer lo que haces o pensar lo que piensas.

Una de las oraciones más sinceras que he escuchado es: «Señor, perdóname por los pecados que disfruto». El pecado siempre nos hace sentir bien (al menos, al comienzo), de lo contrario no sería tentador. No obstante, cuando reconocemos la manera en que nuestros pecados pequeños pueden impactar nuestra vida, esta revelación nos inspira a rendirlos.

Cuando nos sometemos con humildad a la poda del Jardinero y le permitimos que arranque el orgullo de raíz para que podamos crecer, nuestra actitud comenzará a moverse en la dirección opuesta:

- Mientras que el orgullo dice: «Me merezco cualquier cosa que desee», la humildad dice: «Mis deseos carnales no dictarán mis acciones».

- Mientras que el orgullo dice: «Mis necesidades se deben satisfacer a cualquier precio», la humildad dice: «La satisfacción de mis necesidades es secundaria en relación al amor hacia los demás».

- Mientras que el orgullo dice: «La vida gira alrededor de mí y de mi placer», la humildad dice: «La vida gira en torno a Dios y su placer».

- Mientras que el orgullo dice: «Las reglas se ajustan a cualquiera menos a mí», la humildad dice: «Me someteré a las reglas por amor a la rectitud».

- Mientras que el orgullo dice: «Estoy por encima de las consecuencias», la humildad dice: «Gano solo cuando resisto el pecado».

Además de soltar el dolor emocional y de aprender a cambiar el orgullo por la humildad, debemos rendir nuestros temores al futuro si deseamos protegernos del compromiso sexual y emocional.

EL TEMOR AL FUTURO

¿Alguna vez has contado cuántas veces se menciona el *temor* en la Escritura? Trescientas sesenta y cinco (¡una vez por cada día del año!). A juzgar por todas las veces que Dios proclama: «No temas...», es evidente que el temor es un impedimento importante para la vida cristiana.

¿Por qué es tal impedimento? Porque el *temor* es lo opuesto a la *fe*. Cuando nos concentramos en nuestro temor en lugar de tener fe en Dios para que nos libre del mal, es mucho más probable que perdamos la batalla de la integridad sexual y emocional. ¿Cómo nos concentramos en lo que sabemos que Dios hará cuando pensamos que estamos condenados? Esta falta de fe le dice a Dios: «Aunque me hayas traído hasta aquí, es posible que ahora me falles, ¿no es así?». Cuando vencemos nuestro temor y ejercemos fe, le decimos a Dios lo mismo que le dijo David en el Salmo 9:9-10: «El SEÑOR es refugio de los oprimidos; es su baluarte en momentos de angustia. En ti confían los que conocen tu nombre, porque tú, SEÑOR, jamás abandonas a los que te buscan».

Me encanta llevar a los grupos de jóvenes a un curso de desafío en las alturas. Allí nos preparamos con cascos y hombreras de seguridad, y nos conectan a un alambre de guía para que nos balanceemos a lo largo de una viga de casi cuatro metros que se encuentra suspendida en el aire a ocho metros de altura y entre dos postes telefónicos. Este ejercicio puede sacar el león en las criaturas más tímidas y el ratón en las más osadas. He visto a delicadas muchachas que suben despreocupadas por el poste y caminan en puntillas con toda la gracia sin el menor esfuerzo. También he visto a unos tremendos muchachotes que pesan unos cien kilos, que se dan vuelta con temor y rompen a llorar a mitad de camino.

Antes de que suban a los postes de teléfono, siempre les pregunto: «¿Tendrías problemas en caminar sobre un poste de madera que se encontrara a cinco centímetros del suelo?». Cuando dicen que no, les recuerdo que caminar por un poste a ocho metros de altura es lo mismo en el aspecto físico. La única diferencia es el desafío mental de sobreponerse al temor a las alturas. El éxito viene cuando nos desconectamos de lo que nos rodea y nos concentramos en poner un pie delante del otro.

Lo mismo sucede en nuestra batalla contra la transigencia sexual y emocional. Muchas mujeres están sumergidas en el temor de quedarse solas, de no encontrar a alguien que se preocupe por ellas, de no tener a otro hombre en la percha en caso de que el actual se vaya. Podemos tener tanto temor de comprometer el mañana que dejamos de ver y celebrar el hecho de que hoy estamos firmes.

Por ejemplo:

- Helen dice: «Bill no es alguien que me interese de verdad porque es demasiado susceptible, pero cada vez que llega un fin de semana para el cual no tengo planes, suelo aceptar su invitación a cenar porque sencillamente no puedo hacerle frente a un fin de semana sola».

- Con ocho años de matrimonio, Bárbara no está segura de que ella y Jim tengan éxito. Pelean con frecuencia y Bárbara está amargamente desilusionada por la manera insensible en que Jim se relaciona con ella. «Cuando me molesto de verdad con él, siempre sé que puedo llorar sobre el hombro de Charlie». (Charlie es el antiguo novio de Bárbara que siempre se quiso casar con ella). «He guardado todas las cartas de amor de Charlie y nuestras viejas fotografías juntos. Después de todo, algún día quizá llegue a ser "el elegido" si Jim y yo no podemos salir adelante».

- Como su esposo murió hace dos años, Beatriz se preocupa por su situación financiera. «No siento que esté lista para invertir en una nueva relación y ni siquiera estoy segura de que alguna vez quiera volver a casarme», dice Beatriz. Sin embargo, piensa que tal vez debería comenzar a salir otra vez porque puede llegar el momento en el que necesite tener un esposo que provea para ella.

Solía sentirme abrumada ante el pensamiento de la fidelidad duradera y a largo plazo. Muchas veces pensaba: *¡Ay, no hay manera en que pueda ser fiel a un hombre durante toda una vida!* Cuando una consejera me preguntó: «¿Puedes ser fiel por un día?», me burlé ante lo absurdo de la petición. «Claro que puedo. ¡Un día no es gran cosa! El resto de mi vida es lo que me preocupa».

«La vida consiste en un período de veinticuatro horas tras otro. Si puedes ser fiel durante un día, ya lo lograste», respondió la consejera. «Simplemente haces lo mismo al día siguiente y al otro».

La sencillez de su respuesta me derribó. Todo lo que necesitamos es vivir de día en día y confiarle nuestro futuro a Dios. Es por eso que Jesús nos enseñó a orar: «Danos hoy nuestro pan cotidiano». Es por eso que Dios hacía llover pan del cielo cada día cuando los israelitas vagaban por el desierto sin comida: para que su pueblo aprendiera la dependencia diaria de Él. Cuando cambiamos nuestro centro de atención del futuro distante al presente inmediato, obtenemos la fuerza y el valor para vencer al temor de lo que podemos encontrar por el camino. No te concentres en si puedes serle fiel a un hombre toda la vida, solo concéntrate en serle fiel a él (o a Dios si eres soltera) solo el día de hoy. Luego, haz lo mismo mañana y el día siguiente y el siguiente.

AGITEMOS LA BANDERA BLANCA

Agitar una bandera blanca en medio de la batalla es un símbolo de rendición. La bandera blanca simboliza que las tropas ya no agitan sus propios colores, sino un color neutral en señal de derrota. Sin embargo, la bandera blanca que agitarás al rendir tu dolor pasado, tu orgullo presente y tu temor futuro no es un símbolo de derrota. Es un símbolo de victoria porque representa la pureza. Te lavarán de toda transigencia a medida que le permites a Dios que te transforme, que transforme tu corazón y tu mente, para que seas una mujer que perdona a sus deudores, que camina en humildad y que se enfrenta al futuro con confianza en su Creador y Sustentador.

¡Amiga, el blanco es tu color! Levántalo con orgullo y disfruta de la paz y de la satisfacción de la dulce rendición al Salvador.

En cambio, la sabiduría que desciende del cielo es ante todo pura, y además pacífica, bondadosa, dócil, llena de compasión y de buenos frutos, imparcial y sincera. En fin, el fruto de la justicia se siembra en paz para los que hacen la paz.

Santiago 3:17-18

Reconstruye puentes

Por eso el hombre deja a su padre y a su madre, y se une a su mujer, y los dos se funden en un solo ser. En ese tiempo el hombre y la mujer estaban desnudos, pero ninguno de los dos sentía vergüenza.

GÉNESIS 2:24-25

La industria bancaria invierte una considerable cantidad de tiempo para enseñarles a sus empleados a reconocer billetes falsos. En lugar de presentarles una serie de diferentes falsificaciones para enseñarles cómo reconocerlas, hacen que los empleados pasen gran cantidad de tiempo manejando solo billetes genuinos. La lógica es que si conocen lo verdadero, nunca aceptarán una imitación.

El mismo principio se aplica a la intimidad en el matrimonio. Una vez que entiendes la clase de regalo inestimable que es tu sexualidad y cómo puede unirlos a ti y a tu esposo de una manera que nunca experimentarás fuera del matrimonio, estarás mucho menos dispuesta a conformarte con cualquier otra cosa que no sea el plan de Dios para la plenitud sexual y emocional.

Sin embargo, tanto los hombres como las mujeres han tenido entre las manos una falsa intimidad durante tanto tiempo que han bajado sus normas y se han conformado con mucho menos que lo verdadero. Los hombres buscan la satisfacción a través de la relación sexual, pero la intimidad física sola no trae la plenitud total. Muchas mujeres pueden dar testimonio de que solo porque un hombre sea fantástico en la cama no quiere decir que la satisfaga en el aspecto emocional. Incluso la relación sexual grandiosa en el matrimonio no es lo mismo que la intimidad genuina.

Por otra parte, las mujeres buscamos la satisfacción a través de la conexión emocional, pero esta no nos traerá satisfacción a menos que se celebre mediante la intimidad física con nuestro esposo. Un matrimonio sin relación sexual se parece a una amistad más que a un matrimonio. Como la tensión sexual se acumula con mucha mayor rapidez en los hombres que en las mujeres, lo más probable es que tengamos esta amistad con un esposo muy frustrado sexualmente. Hasta la conexión emocional más profunda no sustituye la intimidad genuina.

La intimidad sexual genuina involucra todos los componentes de nuestra sexualidad: físico, mental, emocional y espiritual. Cuando estos cuatro se combinan, el resultado es un elixir que conmueve el alma, sana el corazón, deja pasmada a la mente y satisface de manera genuina.

Qué desafortunadas son aquellas que nunca han probado la dulzura de la intimidad sexual tal como la pensó Dios porque han aceptado una o dos partes como una falsa presentación del total. La plenitud nunca les llega a los que insisten: «Él no satisface mis necesidades emocionales, entonces, ¿por qué habría de satisfacer sus necesidades físicas?», o «Ella ni siquiera intenta comprender mis deseos físicos, ¿por qué habría de molestarme tratando de comprender sus deseos emocionales?».

Cuando tomaste en tus manos por primera vez este libro subtitulado *Descubre el plan de Dios para la plenitud sexual y emocional,* tal vez pensaste que de lo único que iba a hablar era de tener una relación sexual fabulosa. Bueno, lo es, pero es probable que no sea de la forma que pensabas. Espero que te hayas sorprendido de manera agradable al aprender sobre las cosas que te impiden llegar a la verdadera intimidad sexual. Entonces, ahora, que has aprendido cómo no socavar tu plenitud sexual y emocional, hablemos de algunas maneras específicas de alcanzarla en tu matrimonio.

INTIMIDAD INSPIRADA, NO REQUERIDA

Cuando mi hijo era pequeño, muchas veces traía sus juguetes y se sentaba junto a mí para jugar. Sin importar lo que estuviera haciendo, quería estar cerca de mí. A mí me resultaba muy precioso. Aun así, también recuerdo las muchas veces que se estiraba hasta alcanzar mi mejilla con su manita y me empujaba la cara hacia algo y decía: «¡Mida, mami, mida!». Esto me resultaba muy molesto. Si solo me hubiera pedido que mirara, hubiera accedido con placer, pero como sentía la necesidad de obligarme a mirar, lo último que yo quería hacer era responder a su demanda.

Por fortuna, mi hijo ha dejado atrás este hábito. Es de lamentar que muchas esposas no lo han hecho. Todavía queremos que nuestro esposo mire dentro de nosotras, nos preste atención y nos dé la intimidad emocional que anhelamos, y muchas veces, tratamos de forzarlo a que lo haga. Cuando intentamos requerir la intimidad de esta manera, lo último que ellos quieren es responder a nuestras exigencias (o manipulaciones, o como se nos ocurra conseguirlo). Sin embargo, hay un camino mejor.

Imagínate que deseas darle una nuez a una ardilla. ¿Cómo lo harías? ¿La perseguirías por el jardín, la agarrarías del escuálido cuello y le meterías por la fuerza la nuez adentro de sus regordetas mejillas? Claro que no. No puedes pedirle a una ardilla que se coma la nuez. No obstante, puedes inspirarla a que lo haga sencillamente colocando una nuez en la palma de tu mano abierta, recostada debajo de un árbol y dormida. Cuando la idea de tomar la nuez sea de la ardilla, ella la tomará.

La comunicación íntima con nuestros esposos es muy similar a darle una nuez a una ardilla. Requerir es inútil. Sin embargo, la intimidad se puede inspirar. Solía irme a la cama esperando que mi esposo conversara conmigo durante unos instantes, no solo de asuntos superficiales, sino que entabláramos una verdadera conversación profunda. Aunque había escuchado a los sicólogos explicar que un hombre solo es capaz de decir una cierta cantidad de palabras al día y que para la hora que regresa a casa del trabajo las ha usado casi todas, yo pensaba que podía extraérselas.

De más está decir que, por lo general, me iba a dormir desilusionada. Algunas veces me iba a dormir devastada, ya que trataba de mantener una conversación significativa y la única respuesta que obtenía una vez que terminaba de hablar era «Zzzzzzzzzz».

Entonces escuché hablar de esta teoría de la ardilla y la nuez y decidí que tal vez sería bueno probarla. Me iba a la cama con mi esposo a una hora aceptable, pero en lugar de esperar una conversación, sencillamente decía buenas noches y le permitía deslizarse hacia el sueño. Luego de algunas noches así, Greg me preguntó:

—¿Estás enojada conmigo por alguna razón?

—No, ¿por qué preguntas? —le respondí.

—Bueno, en los últimos días has estado terriblemente callada —me explicó.

Sonreí y dije:

—No estoy tratando de darte el tratamiento del silencio, querido. Solo sé que estás cansado por la noche después de un largo día de trabajo y deseo que descanses mucho.

Más tarde aquella misma noche, nos preparábamos para ir a la cama cuando Greg comenzó a preguntarme cómo había sido mi día y qué tenía planeado para el día siguiente. Respondí, pero no hice una gran elaboración. De manera sorprendente, siguió haciéndome más preguntas. Luego, comenzó a contarme algunas de las cosas que había tenido en la mente en los últimos tiempos y me hizo preguntas con respecto a lo que yo pensaba. Nos enredamos en una conversación durante casi una hora, y luego nos acercamos más para descansar en los brazos del otro. Decidimos orar juntos y cuando Greg terminó de orar, el deseo de darle mi cuerpo era del todo avasallador. ¿Le importó quedarse despierto unos minutos más para recibir el regalo que yo ansiaba darle? ¡En absoluto!

Aquella noche, hace muchos años, nos tropezamos con algo que jamás olvidaremos: la verdadera satisfacción sexual no viene solo de una conexión física, sino también de una íntima conexión mental, emocional y espiritual. Aunque algunas noches los dos nos quedamos dormidos sin haber dicho gran cosa porque estamos muy cansados, tenemos muchas noches de estas conversaciones íntimas que surgen de forma espontánea e incitan a la mente, revelan el corazón y escudriñan el alma. La relación sexual no siempre es el siguiente paso, pero cuando lo es, resulta una experiencia increíblemente plena porque la pasión entre nosotros se inspiró, no se requirió.

SIRVE A TU ESPOSO COMO SI FUERA TU MEJOR AMIGO

Si decides probar por ti misma esta teoría de la ardilla y la nuez, por favor, entiende que no se trata de otro juego de manipulación. Cuando sueltas la expectativa de que tu esposo supla tus necesidades emocionales, giras tu centro de atención y te concentras en satisfacer sus necesidades (ya sea que necesite mucho sueño o placer físico), estás sirviendo a tu esposo. De esta manera, con el tiempo, su deseo será servirte a ti también. Reconocerá tu deseo de satisfacer sus necesidades y ese deseo será contagioso si no abortas el proceso poniéndote impaciente o esperando muy, pero muy pronto. Al igual que la intimidad, el servicio incondicional se inspira, no se requiere.

Cuando hablo de servir a tu esposo, no me refiero a la clase de servicio que se hace en el tenis, en el cual le tiras la pelota y luego exiges: «¡Oye, la pelota está en tu campo! ¡Es tu turno de servirme!». Me refiero a servir a tu esposo en sus necesidades como fruto de un amor profundo y de una amistad comprometida, sin motivaciones ocultas y sin esperar nada a cambio. Jesús se refirió a esta clase de servicio en el siguiente pasaje:

> Este es mi mandamiento: que se amen los unos a los otros, como yo los he amado. Nadie tiene amor más grande que el dar la vida por sus amigos. (Juan 15:12-13)

Pregúntate: «¿Considero que mi esposo es mi amigo?». Confieso que era culpable de no tratar a mi esposo con todo el respeto que lo hubiera hecho con un amigo. Me enorgullecía de tener más capacidad verbal que él y de poder ganar una discusión sin demasiado esfuerzo. Cuando mi esposo me dijo: «Hubieras sido una excelente abogada», pensé que su comentario elogiaba mi intelecto, pero no era un elogio. Tenía razón en una cosa: jamás perdía una discusión. Sin embargo, perdía algo mucho más importante: *la verdadera intimidad con el hombre que amaba.*

Por fortuna, Greg reconoció que esta actitud de «ganar a cualquier precio» estaba afectando nuestra relación, y un día, con amor, me llamó la atención al respecto. Yo discutía de una manera bastante sarcástica. Entonces me preguntó con sinceridad: «Shannon, ¿le hablarías a tu mejor amiga de la manera en que me estás hablando en este momento?». ¡Ay! Esperaba que mi esposo recibiera todo lo que le tiraba, sin darme cuenta de que merecía que lo tratara como a mi mejor amigo y con tanta cortesía, como a cualquier otra persona, y aun más. Me había comportado como el Dr. Jekyll y el Sr. Hyde repartiendo sonrisas y dulzura a todos los que estaban fuera de casa mientras desahogaba mis frustraciones sobre quienes estaban dentro. Desde entonces, me di cuenta de que lo que soy en realidad no es la Shannon que ve el mundo, sino la persona que ve mi familia. Tener esto en mente me ha ayudado a actuar de manera amorosa con mi esposo y con mis hijos en forma más constante y ha sido como el agua y el sol para ayudar a que la intimidad de nuestro matrimonio florezca hasta alcanzar su potencial total.

Recuerda que tratar a tu esposo como a tu mejor amigo significa tratarlo como el hombre adulto que es y no como a un niño. Al comienzo de nuestro matrimonio, muchas veces le hablaba a Greg como si fuera mi hijo y lo trataba como si hubiera sido alguien que estaba bajo mi autoridad. En lugar de pedirle con amabilidad que hiciera algo, esperaba que lo hiciera y hasta se lo exigía como un padre puede esperar que su hijo obedezca una orden. Me quejaba por la forma en que se vestía y le elegía prendas de ropa alternativas siendo que lo que llevaba puesto no tenía nada de malo, y hacía comentarios astutos como «deja que mamá te vista». Hasta le corregía los modales en la mesa frente a los niños.

Esta dinámica de madre-hijo puede aniquilar el deseo de intimidad. *Los hombres no quieren tener relaciones sexuales con sus madres.* Tu esposo no se casó contigo para tener otra madre, sino para tener una mejor amiga. Si lo tratas como a un hombre, alimentarás en él una actitud de respeto mutuo, de aprecio y de deseo sexual hacia ti.

APRENDE EL LENGUAJE DE AMOR DEL OTRO

Al hacer todo el esfuerzo por hablarle a tu esposo con respeto como a tu mejor amigo y como hombre adulto que es, tal vez te des cuenta de que sientes mucho más amor hacia él cuando le hablas. También puedes sentir que la escalera de la comunicación pierde estabilidad cuando no hay respuesta verbal al nivel de tus expectativas, lo cual nos trae a otra manera de nutrir la intimidad: aprender el lenguaje de amor del otro.

Como mencioné antes, la mayoría de los hombres hablan menos palabras que las mujeres. Aunque eso no quiere decir que no se comuniquen, sencillamente se comunican de manera diferente. Si no lo entendemos, podemos dejar de ver lo que nuestros esposos quieren decirnos. Aunque he tenido múltiples experiencias en este tipo de fracaso, en mi mente sobresale una en particular. Hacía un año que nos habíamos casado y con frecuencia, desde mi oficina, le enviaba tarjetas a Greg a la suya. Todos los meses me iba a la hora del almuerzo al negocio de Hallmark y me abastecía de toda clase de tarjetas sinceras, inteligentes o terriblemente graciosas que decían: «Te amo».

Sin embargo, no mucho después de nuestro primer aniversario, me di cuenta de que nunca había recibido una tarjeta de Greg. Ni una. Ni siquiera una notita en papel común. Me sentí tan descuidada y furiosa por todo el tiempo y el dinero que había invertido escogiendo estas tarjetas especiales sin haber recibido la menor reciprocidad. En lugar de preguntar por qué, dejé de enviar tarjetas, le impuse el tratamiento del silencio y me retraje emocionalmente (¡como si esto lo fuera a inspirar a enviarme una tarjeta para demostrarme su aprecio!).

Anduve echando humo durante varios días hasta que al final perdí los estribos mientras estaba parada en la cocina llorando frente a la ensalada de atún.

—En caso de que no te hayas dado cuenta, ¡ya no te envío tarjetas todas las semanas! ¡No me enviaste una tarjeta ni siquiera una vez! ¿Sabes cuánto duele eso? ¿Alguna vez te preocupaste por saberlo?

Greg se quedó pasmado ante mi explosión y esperó hasta que mis gritos se silenciaron para responderme con suavidad:

—Pero te corto el césped todas las semanas... y te lavo el auto... y...

—Bueno, por supuesto que haces esas cosas —lo interrumpí—. ¡Tú también vives aquí! ¡Esas son tus responsabilidades!

—¡Pero las hago porque te amo, Shannon!

No me convencí hasta que Greg trajo a casa el libro que mencioné en el capítulo 6, *Los cinco lenguajes del amor,* de Gary Chapman. Leímos juntos el libro y yo me di cuenta de que Greg tenía razón. Los «actos de servicio» son un legítimo lenguaje de amor y aunque no es mi lenguaje principal de amor (el mío son los regalos), es la manera principal en que Greg me expresa su amor. También aprendí que de la misma manera en que los actos de servicio de Greg no llenaban mi tanque de amor, las tarjetas de Hallmark que yo le enviaba tampoco mantenían en marcha su motor. Nuestros lenguajes de amor se oponen: los más altos de él (los actos de servicio y el contacto físico) son los más bajos míos, y los más altos míos (los regalos y las palabras de afirmación) son los más bajos de él. Hemos tenido que prestar mucha atención al hablar y comprender el lenguaje de amor del otro de manera que podamos reconocer cada expresión de amor.

Para un aniversario, no hace mucho tiempo, Greg me hizo un regalo que jamás olvidaré. Era una tarjeta de Hallmark (¡al fin!), pero estaba llena de cientos de cuadraditos de papel rosa. Al principio pensé que era un magro intento de sorprenderme con papel picado casero, pero al leer la tarjeta, me conmovió más profundamente que todo el papel picado del mundo. Decía:

> Shannon, sé que ni me acerco a expresarte mi amor como deseas que lo haga. No estoy poniendo excusas, pero mi único deseo es poder reconocer cuándo necesitas que te confirme mi amor sin que tengas que sentirte descuidada ni enojada.
>
> Por lo tanto, te doy todos estos pedacitos de papel y te pido que arrojes uno donde pueda verlo, cada vez que comience a decaer en la tarea de hacerte sentir especial como en verdad lo eres para mí. Cada vez que vea un papelito de color rosa, me servirá para recordar tu necesidad de que te exprese mi amor y el compromiso que tengo contigo. Espero que haya suficiente cantidad de papelitos como para salir adelante a lo largo de nuestra vida, pero si no es así, cortaré más.
>
> Tu esposo que te ama, Greg

Creo que solo tuve que dejar dos papelitos color rosa en el auto de Greg durante todos estos años desde que hizo esto. El solo hecho de saber cuánto desea satisfacer mis necesidades emocionales mantiene lleno mi tanque de amor, ya sea que hable mi lenguaje de amor o no. Y he aprendido que si deseo expresarle mi amor hacia él, sencillamente tengo que lavarle la ropa o desyerbar el cantero de flores en lugar de conducir hacia el negocio de tarjetas.

A medida que aprendemos a hablar el lenguaje de amor del otro, nuestro tanque de amor se llena y protegemos nuestra relación matrimonial de tentaciones físicas o emocionales. Cuando uno de los cónyuges, o los dos, no puede reconocer y satisfacer las necesidades de su compañero, estas tentaciones pueden volverse avasallantes. Con frecuencia escucho a mujeres que dicen (y yo misma lo he dicho): «¡Me siento muy tentada porque él no satisface mis necesidades emocionales!». Con todo, antes de atacar a tu esposo por no satisfacer tus necesidades emocionales, mírate frente a tu propio espejo emocional y contesta estas preguntas:

- ¿Tú misma sabes con exactitud cuáles son tus necesidades emocionales? (Muchas mujeres no lo saben; solo saben que no se sienten satisfechas). ¿Conoces tu propio lenguaje de amor? (Si no lo conoces, te recomiendo que leas *Los cinco lenguajes del amor*).

- ¿Le has explicado con amor y respeto exactamente cuáles son estas necesidades a tu esposo y cómo puede llenar tu tanque de amor?

- ¿Lo has inspirado para que trate de entender tus necesidades de intimidad emocional o es algo que has tratado de requerirle?

- ¿Con cuánta constancia has satisfecho sus necesidades físicas (no solo en ocasiones especiales, sino de acuerdo a su ciclo de necesidades)? ¿Has atendido sus necesidades con entusiasmo y con una actitud positiva?

Sheila envía este correo electrónico para alentar a las mujeres a que reconozcan el papel que les pertenece solo a ellas de ser la única fuente de placer de sus esposos:

Si no le cocino a mi esposo, puede ir a McDonald's. Si no limpio, puede contratar a una persona para que lo haga. No obstante, si no le respondo en el plano físico, ¿adónde va a recurrir? De la misma manera, si mi esposo no satisface mis necesidades emocionales, por cierto, no puedo recurrir a otro hombre. Se supone que no debo llenarme con los cumplidos y las atenciones de otro hombre. Si de verdad seguimos los principios de Dios, morimos a nosotros mismos y nos servimos el uno al otro, el matrimonio puede ser una hermosa bendición.

Aunque la palabra sabia de Sheila es valiosa, permíteme agregar una cláusula de exención de responsabilidad. Me doy cuenta de que algunas mujeres han intentado de todo, hasta de satisfacer las necesidades físicas del esposo, en un esfuerzo por despertar sus emociones. Si ese es tu caso y las preguntas anteriores te han frustrado en lugar de inspirarte a probar un nuevo enfoque, tal vez los dos deban mirarse en un espejo emocional con la ayuda de un consejero cristiano. Si es así, te animo a que busques la sanidad como pareja.

Aunque no te prometo un cambio milagroso, te prometo que Dios ve el deseo de intimidad de tu corazón y honrará tu fidelidad. También te prometo que no hay relación que se encuentre desahuciada cuando los dos comienzan a servirse el uno al otro sin egoísmo. He visto a muchos hombres que han tenido una revelación de las necesidades emocionales de sus esposas incluso luego de años de confusión y caos en su matrimonio. Si tu esposo necesita una revelación como esta, recuerda estos tres puntos:

1. *La revelación no viene a través de medios humanos, sino a través de medios divinos.* Si deseas que tu esposo procure entender tus necesidades más íntimas de atención y afecto, ora a Dios para que se lo revele en su propio tiempo y de su propia manera. Luego, confía en que Dios hará justo lo que le has pedido. No lo molestes, solo ora por él. El resto déjaselo a Dios.

2. Cuando oras para que mejore tu relación matrimonial, no ores solo por él. Para bailar el tango hacen falta dos. Si tu corazón se ha amargado o resentido por la falta de sensibilidad de tu esposo hacia tus necesidades emocionales, *ora a Dios para que te ayude a ubicar tu corazón en el debido lugar a fin de inspirar la mejoría.*

3. *Intenta por todos los medios satisfacer sus necesidades sexuales.*
No solo cedas cuando él toma la iniciativa, sino tómala
tú para satisfacer sus deseos más íntimos. Aprende a
echarle esa mirada que le diga: «¡Ni siquiera tienes que
pedirlo! ¡Aquí me tienes!». Cuando demuestras que sus
necesidades son importantes para ti, es probable que te
sorprendas al ver lo importante que se vuelven tus necesidades para él.

COMPRENDE QUE LA RELACIÓN SEXUAL ES UNA FORMA DE ADORACIÓN

Dios diseñó la relación sexual para que la compartan dos cuerpos, dos mentes, dos corazones y dos espíritus que se unen para
convertirse en la unión de una sola carne. Si nunca has experimentado esta unión de una carne en tu matrimonio, te pierdes
uno de los momentos más plenos y tremendos de tu vida.

Entonces, ¿cómo puedes pasar de una simple «relación sexual»
a la experiencia de una forma de hacer el amor que satisfaga cada
fibra de tu ser? Debes entender que la relación sexual es en realidad
una forma de adoración a Dios en que entran el esposo y la
esposa juntos. Cuando dos se convierten en una sola carne en el
aspecto físico, mental, emocional y espiritual, le dicen a Dios:
«Tu plan para nuestra plenitud sexual y emocional es bueno.
Elegimos el tuyo en lugar del nuestro».

Tal vez esta porción de *The Mystery of Marriage* [El misterio
del matrimonio] de Mike Mason, te ayude a entender lo que
Dios tenía pensado para la noche de bodas y para todos los
demás encuentros sexuales que sigan:

> ¿Qué momento en la vida de un hombre se puede com-
> parar con aquel de la noche de boda, cuando una mujer
> hermosa se quita toda la ropa y se acuesta junto a él en la
> cama y esa mujer es su esposa? ¿A qué se puede igualar la
> sorpresa de descubrir que aquel acto que sobrepasa a
> todos los otros y que la humanidad ha tratado por todos

los medios de arrastrar por tierra resulta ser, en realidad, lo más inocente del mundo? ¿Existe alguna otra actividad en la cual se puedan involucrar un hombre y una mujer adultos (además de la adoración) que sea más infantil, más limpia y pura, más natural y sin reservas, e inequívocamente adecuada que el acto de hacer el amor? Porque si la adoración es la forma disponible más profunda de comunión con Dios (y en especial ese acto de adoración particular conocido como comunión), sin duda la relación sexual es la comunión más profunda posible entre los seres humanos, y como tal es algo absolutamente esencial (no solo en el sentido biológico) para nuestra supervivencia[1].

Como ayuda para comenzar a ver la relación sexual como un acto de adoración, sugiero que comiencen por desnudar su espíritu. Oren juntos e inviten a Dios a su dormitorio para que los ayude a experimentar el gozo y la maravilla de lo que creó y de lo que les dio como regalo para el matrimonio. Si no tienen el hábito de orar juntos como pareja, esto te puede parecer extraño. Si es así, comiencen a orar juntos todas las noches sin intenciones de involucrarse en una relación sexual a continuación.

A medida que hablan y se comunican de manera franca con Dios y el uno con el otro, lo más probable es que con el tiempo experimenten una cercanía espiritual que pueda despertar tu deseo de tener una cercanía física más íntima. Si eso sucede, vas por el buen camino. A medida que los dos comiencen a experimentar este nivel mayor de conexión espiritual (y suponiendo que sigues fiel en cuanto a mantener tu mente concentrada solo en la intimidad con tu esposo y no con otro), descubrirás un nivel más profundo de satisfacción emocional en tu relación. Para una mujer, estos niveles más profundos de intimidad mental, emocional y espiritual son la clave para encender una pasión por la intimidad física con su esposo.

Una vez que la mujer experimenta la intimidad de desnudar su mente, emociones y espíritu delante de su esposo y siente que la ama por lo que es en verdad en su interior, su respuesta natural será querer entregar el paquete externo físico a su admirador. Fíjate que dije *querer,* no *sentir que debe hacerlo.* El deseo de darle nuestro cuerpo como un trofeo al hombre que ha cautivado nuestro corazón y que se ha comprometido fielmente con nosotras, prepara la escena para una genuina satisfacción sexual. La relación sexual que se lleva a cabo solo por obligación o por deber nunca te satisfará (ni a él) como si presentas tu mente, cuerpo, corazón y alma llenos de pasión a tu esposo sobre una bandeja de plata e invitas a tu amante a entrar en tu jardín y probar sus frutos escogidos (lee Cantares 4:16).

CULTIVA LA GENUINA INTIMIDAD CUANDO HACES EL AMOR

A fin de maximizar la satisfacción en el matrimonio, piensa en implementar estos principios que cultivan la genuina intimidad cuando haces el amor:

- *Prepárate siempre* al hacer de la higiene femenina una rutina diaria. Ninguna otra cosa te impedirá sentirte en libertad para participar de una intimidad física espontánea como las piernas sin depilar o la sensación de no tener un buen aseo personal. Depílate las piernas con la mayor frecuencia posible y lávate cada día la zona de los genitales con un jabón suave, si es posible especial para eso. Si la higiene femenina forma parte de tu rutina matutina o nocturna al igual que lavarte los dientes, te ayudará a avanzar mucho en la confianza que tengas en ti misma para perseguir la satisfacción sexual cada vez que sientas el deseo de tener la intimidad física.

- *Prende una luz suave* y abre los ojos a menudo mientras haces el amor. Nunca apagas la luz y cierras los ojos para sentir mayor intimidad cuando conversas con una amiga,

¿no es cierto? Mi experiencia ha sido que cuando está oscuro o cuando mantengo los ojos cerrados, me siento mucho más tentada a permitir que mi mente divague en los brazos de algún otro. El contacto visual frecuente con mi esposo me mantiene concentrada en él y mantiene mis pensamientos en las placenteras experiencias del presente, lo cual, sin duda, aporta algo más a mi plenitud sexual. Bebe la hermosura de verte a ti y a tu esposo participando de este acto de brindarse placer el uno al otro en el campo sexual y disfruta de esta vista.

- *Habitúa a tu cerebro a fin de que se concentre* de forma estricta en tu esposo durante la relación sexual. Algunas mujeres han tenido tantas experiencias sexuales con otros hombres que les resulta difícil centrarse en la intimidad física con el esposo y hasta les parece aburrido. Qué lástima que hayamos aprendido a confundir intensidad con intimidad. Aunque pienses que el contacto sexual con un extraño quizá sea más excitante, por cierto, no tiene nada de íntimo, y lo que las mujeres anhelan en realidad es la intimidad. Esta tiene lugar solo como resultado de conocerse por dentro y por fuera. Eso no lo vas a experimentar con un extraño, sino solo con el hombre con el que vives y con el que envejecerás. Si necesitas habituar tu mente para que se concentre en tu esposo durante la relación sexual, trata de meditar en la palabra *esposo* o *adoración*. Recuerda con frecuencia: «Este es mi esposo. Proporcionarle placer sexual es un acto de adoración a Dios». Incluso ora durante los momentos sexuales para que Dios optimice tu intimidad ayudándolos a concentrarse de forma exclusiva el uno en el otro.

- *Disponte a discutir* con tu esposo maneras de realzar tu placer físico y pregúntale cómo puedes realzar el suyo. Muchas veces conocemos nuestro cuerpo y sabemos lo que nos gusta mucho mejor de lo que conocemos al cuerpo del sexo opuesto, y la mayoría de los hombres están muy dispuestos a aprender todo lo posible acerca del fascinante campo que tiene como objetivo exclusivo su placer. También siéntete en libertad de hablar juntos acerca de las fantasías sexuales, siempre y cuando no involucren a nadie más que ustedes dos. Recuerda, una mujer se excita más por lo que escucha, y las palabras sensuales dichas entre ustedes dos mientras entran en la intimidad física son capaces de hacer que una mujer se derrita como la mantequilla.

- *No sucumbas* ante la idea de que está bien albergar cualquier pensamiento inadecuado para que puedas alcanzar el orgasmo con mayor rapidez. Simplemente porque a la mayoría de las mujeres les lleve entre cinco a diez minutos más que al hombre llegar al orgasmo no quiere decir que debemos arrojar la precaución al viento y hacer cualquier cosa para ganar tiempo. Aquí hay algo más valioso en juego que el tiempo, y es la plenitud sexual tal como la pensó Dios. Tu esposo no se ofenderá por la cantidad de tiempo que te tome llegar al orgasmo si sabe que te concentras de manera estricta en él y en el placer que te proporciona. Puedes refrenar tu cerebro para evitar lugares inadecuados y concentrarte en mantener ardiendo el fuego del hogar.

- *No lleves un registro* de cuántas veces llegan al orgasmo cada uno de ustedes. Una amiga me contó de forma confidencial: «Le dije a mi esposo que mi orgasmo es tan importante como el suyo y que me niego a tener relaciones sexuales a menos que invierta el mismo tiempo y la misma energía en mi orgasmo». En lugar de que experimentara el orgasmo con la frecuencia que él deseaba, él solo lo experimentaba con la frecuencia con que ella lo necesitaba, la cual no era muy seguida. Varios meses después, se encontraba devastada por los sentimientos de resentimiento en su relación y se dio cuenta de que requerir juego justo en la vida sexual era un poco injusto. Tu relación matrimonial está diseñada por Dios de modo que se complementen el uno al otro, no que compitan el uno con el otro. Si él necesita un alivio sexual y tú no, y le proporcionas un alivio rápido (conocido también como «un relámpago»), demostrarás que no estás contando los tantos, sino que eres una compañera de juegos que coopera. Una sensibilidad tal frente a sus necesidades hará que él se convierta en tu mayor admirador.

- *No escondas tu cuerpo* de tu esposo con la idea de que no estás a la altura de las últimas modelos. A la mayoría de los hombres, en realidad, eso no les importa. Sin embargo, lo que sí les importa es disfrutar de sus esposas a través de los ojos, sabiendo que es propiedad sagrada y que le pertenece solo a él. Randy nos cuenta acerca de este descubrimiento de la belleza de su esposa:

> Pensé que tal vez [toda la gratificación sexual que estaba acopiando a través de mis ojos] era la razón por la que había perdido todo apetito por Regina y comencé a controlar mis ojos. ¡No pude creer lo que sucedió! Regina dejó de ser solo una amiga para convertirse en una diosa, por lo menos para mí. Y es simpático, mientras más gratificación obtengo solo de ella, más cambian mis gustos. Los pequeños rollitos de grasa en su espalda y cintura solían molestarme. Ahora, al pasar mis dedos sobre ellos, hasta me excitan. ¿No te parece cosa de locos? Y ese poquito de trasero que le cuelga debajo de la ropa interior, antes solo servía para hacerme notar el peso que había aumentado. Ahora ese pequeño pedacito sencillamente hace estallar mis deseos por ella. Regina no sería una supermodelo, pero yo tampoco soy un galán playero. Sin embargo, para mí ahora ella es como Señorita América»[2].

Permíteme advertirte que cuando experimentas satisfacción sexual a este nivel profundo (no solo en a nivel físico, sino también mental, emocional y espiritual), es probable que notes algunos sucesos raros. Debido a la profunda liberación emocional que puede representar la experiencia de un orgasmo en una mujer, puedes encontrarte rompiendo a llorar en sus brazos al terminar. O puedes comenzar a desternillarte de risa (no de tu esposo, sino con tu esposo). Tal vez te sientas motivada a poner alguna música de adoración y adorar juntos, los dos solos en su habitación. Solo que nunca sabes cómo te sentirás inspirada a reaccionar cuando te sientas tan increíblemente satisfecha desde la punta de la cabeza hasta la punta de los pies, pasando por todos los puntos intermedios (incluyendo tu mente, tu corazón y, por supuesto, tu espíritu). ¡Hasta es probable que te encuentres disfrutando e iniciando la relación sexual con mayor frecuencia de lo que lo hace tu esposo!

RECONSTRUYE SOBRE UN CIMIENTO FIRME

Antes de cerrar este capítulo sobre el descubrimiento de un nuevo nivel de intimidad con tu esposo, deseo referirme a un último punto. Es probable que algunas de ustedes hubieran deseado aprender estos principios años atrás porque las hubieran librado de enredarse en aventuras físicas y emocionales. Ahora que intentan convertirse en mujeres de integridad sexual y emocional, se preguntan qué efecto puede tener su secreto sobre su matrimonio si se lo cuentan a su esposo.

Algunos sicólogos dicen: «No hay ninguna razón para que tu compañero tenga que saber sobre tu aventura. ¿Qué sentido tiene que limpies tu conciencia si lo único que logrará es que él se enoje?». Yo estoy del todo a favor de proteger los sentimientos de otro al no cargarlo con información innecesaria. También entiendo que tienes el compromiso de mantener unido a tu matrimonio, en especial si sientes que la divulgación de tu secreto será como cavar tu propia fosa en el matrimonio. Sin embargo, antes de que decidas que nunca le confesarías una aventura a tu esposo, hazte estas preguntas:

- ¿Albergar estos secretos es a la postre tan dañino para nuestro matrimonio como lo que hice?

- ¿Nos privamos a mi esposo y a mí de una verdadera intimidad y de satisfacción sexual debido a la culpa con la que tengo que luchar?

- ¿La confianza que tengo en el amor de mi esposo se basa en lo que él piensa que soy: una esposa que nunca lo traicionó?

Si respondes que sí a estas preguntas, te aliento a que mires este asunto bajo una luz diferente. Es posible que resulte muy difícil descubrir un nuevo nivel de intimidad en tu matrimonio si eres incapaz de permitir que tu esposo vea por completo tu interior. Como mencioné antes, la palabra *intimidad* se puede definir mejor si pensamos que hace referencia a lo más interior, lo más interno. Los secretos en el matrimonio no cumplen otro propósito que alienarte del único que puede proporcionarte el nivel de intimidad que en verdad deseas como ser sexuado. Si cada uno guarda sus secretos, es probable que se levante una pared entre ti y la plenitud sexual y emocional.

Sin embargo, a través de la confesión humilde y la restauración de la confianza que vendrá como consecuencia, pueden cambiar esas paredes en puentes que los llevarán a estar cada vez más cerca el uno del otro, más de lo que nunca antes estuvieron. Creo que si te franqueas con tu esposo, le confiesas tu pecado, buscas el consejo sanador y pides su ayuda, pueden reconstruir sobre un cimiento más firme a fin de vencer las tentaciones futuras. Después de todo, cuando crees que tu esposo te ama por lo que piensa que eres (y sin embargo, te ves a ti misma como una persona diferente porque sabes cosas que él no sabe), eso no es íntimo ni satisfactorio.

Santiago 5:16 dice: «Confiésense unos a otros sus pecados, y oren unos por otros, para que sean sanados». Es evidente que a Santiago le parecía que la confesión es buena para el alma. Aunque es posible que al principio sea terriblemente dolorosa, creo que la confesión es, en definitiva, buena para el matrimonio también.

Tal vez tu sinceridad cree un entorno en el cual él al fin se sienta seguro para discutir sus luchas sexuales más íntimas. Hagan un pacto y promete no juzgarlo por su debilidad frente a la estimulación visual y que él prometa no juzgarte por tu debilidad frente a la estimulación emocional. Tu amor incondicional puede inspirarlo a guardar sus ojos, y su amor incondicional puede inspirarte a guardar tu corazón. Por lo tanto, considera la posibilidad de quitarte la máscara y permitirle que vea lo bueno, lo malo y lo feo. Y no sientas escalofríos cuando él también se quite la máscara. Recuerda, todos somos seres humanos con nuestras luchas únicas. Tu matrimonio puede ser un lugar en el que tú y tu cónyuge se afilen entre sí con responsabilidad, no donde se apuñalen con el juicio.

Además, si luchas en el aspecto sexual debido al abuso que experimentaste en el pasado, cuéntale a tu esposo lo que te sucedió. Cuando Greg y yo éramos recién casados, en realidad no deseaba hablar sobre cómo mis tíos intentaron molestarme sexualmente cuando era una adolescente. Temía que me viera como «bienes dañados» y que no se sintiera tan atraído hacia mí en el aspecto sexual. Sin embargo, mi consejera me alentó a que conversara sobre estos temores con Greg y, aunque fue incómodo, hicimos un gran avance como resultado de la conversación. Le conté cómo uno de mis tíos me despertaba a medianoche y me hacía ir a la sala para poder besarme mientras dormía su esposa. Le mencioné cómo algunas veces todavía podía sentir el olor a humo en su aliento y su espeso bigote rozando mi labio, una sensación que me revolvía las entrañas de disgusto. Me sentía muy avergonzada al decir estas palabras, como si sintiera que

DESTRUCTORES DE LA INTIMIDAD	PROMOTORES DE LA INTIMIDAD
1. tener relaciones sexuales para obtener unidad	1. tener relaciones sexuales como respuesta a la unidad
2. requerir intimidad de tu cónyuge	2. inspirarle intimidad a tu cónyuge
3. esperar que atiendan tus necesidades	3. atender cada una de las necesidades del otro
4. conversaciones sarcásticas o condescendientes	4. conversar con respeto como mejores amigos
5. tratarlo como a un niño	5. tratarlo como tu esposo
6. ocultar pensamientos y fantasías	6. ofrecer la desnudez mental
7. hacer comparaciones malsanas de tu esposo o de ti misma	7. aceptarse el uno al otro sin reservas
8. no saber usar el lenguaje del amor del otro	8. aprender y hablar el lenguaje del amor del otro
9. suponer que necesita alivio sexual con la misma frecuencia que tú	9. disposición para satisfacer sus necesidades sexuales según su ciclo
10. volverlo loco para que cambie sus modales o darle el tratamiento del silencio	10. orar por el otro y orar juntos con constancia
11. considerar que la relación sexual es un acto mundano	11. considerar a la relación sexual un acto de adoración
12. ceder al requerimiento sexual solo por obligación	12. iniciar la relación sexual como producto del amor apasionado
13. sentirte desaseada en lo personal	13. mantener la higiene femenina
14. oscurecer la habitación o cerrar los ojos durante la relación sexual	14. participar de forma visual en la actividad sexual
15. expresar la frustración de que él «no lo hace bien»	15. conversar sobre lo que te produce placer
16. tratar de acelerar el orgasmo entreteniendo pensamientos inadecuados.	16. saborear la intimidad sexual sin la presión de llegar al final
17. requerir un orgasmo con la misma frecuencia que eyacula él	17. refrenarte de contar los tantos en el dormitorio
18. masturbarte sin que tu esposo esté presente ni que participe	18. depender por completo el uno del otro para el placer sexual
19. mostrar vergüenza del cuerpo y extrema inhibición	19. estimularse de forma visual a través de la desnudez
20. albergar secretos de fallas morales o de abuso sexual.	20. permanecer dispuestos y sinceros en cuanto a luchas sexuales y temores

Figura 10.1

era mi culpa en vez de la de mi tío. No obstante, Greg estaba muy ocupado haciendo conexiones y discerniendo de qué manera podía ayudarme a sanar de estas heridas. Con compasión respondió: «¿Quizá sea por eso que no te gusta que te despierte en medio de la noche para abrazarte y besarte?». Aunque nunca antes había hecho esa conexión, tuve que confesar que no me gustaba que me despertaran de sorpresa con expresiones de afecto físico, en especial en el medio de la noche. Esto fue un gran alivio para Greg, ya que siempre había tomado mi falta de respuesta como desinterés en él. También me preguntó: «¿Por eso no me besas de cerca con tanta frecuencia desde que me dejé crecer el bigote?». Una vez más, sentí que había metido el dedo en la llaga. A la mañana siguiente, Greg se afeitó y se quitó el bigote, y pasamos media hora poniéndonos al día de todos los besos que nos había robado, sin saberlo, ese bigote.

Cuando permitimos que la persona que está más comprometida a amarnos sin reservas vea lo que en verdad hay en nuestro interior, por más avergonzadas o destruidas que nos sintamos al respecto, las recompensas son interminables. Podemos obtener confianza y valor, experimentar la sanidad de recuerdos dolorosos y disfrutar de una genuina intimidad con la persona que amamos y en la que más confiamos.

NO DEJES PASAR LAS ZORRAS A LA VIÑA

Este pasaje de Cantar de los Cantares me ha llamado la atención muchas veces:

> Atrapen a las zorras,
>   a esas zorras pequeñas
> que arruinan nuestros viñedos,
>   nuestros viñedos en flor. (2:15)

La viña es una metáfora de la relación que disfrutan los amantes. Creo que una viña del todo en flor simboliza una relación en la que la intimidad mental, emocional, espiritual y física se encuentra en su pico. Aun así, muchas veces me preguntaba qué simbolizan las zorras que arruinan la viña.

Mientras pensaba y oraba al respecto, comencé a recordar las muchas cosas en nuestro matrimonio que eran como zorras que arruinaban nuestra viña, creando distancia en lugar de intimidad en mi matrimonio. Greg y yo nos hemos esforzado por reconocer estos «destructores» y por convertirlos en «promotores de la intimidad». La lista en el cuadro anterior resume muchos de los principios de los que hemos hablado en este capítulo.

Al cultivar la genuina intimidad con tu esposo evadiendo los destructores y disfrutando de los promotores, experimentarás la clase de placer mental, emocional, espiritual y físico que Dios pretende para la relación en tu matrimonio.

Ah, si me besaras con los besos de tu boca...
¡grato en verdad es tu amor, más que el vino!...

Mi amado es para mí como el saquito de mirra
que duerme entre mis pechos...

¡Cuán hermoso eres, amado mío!
¡Eres un encanto!
Una alfombra de verdor es nuestro lecho...

Cual manzano entre los árboles del bosque
es mi amado entre los hombres.
Me encanta sentarme a su sombra;
dulce a mi paladar es su fruto.
Me llevó a la sala del banquete,
y sobre mí enarboló su bandera de amor...

¡Viento del norte, despierta!
¡Viento del sur, ven acá!
Soplen en mi jardín;
¡esparzan su fragancia!

Que venga mi amado a su jardín
y pruebe sus frutos exquisitos...

Su paladar es la dulzura misma;
¡él es todo un encanto!
¡Tal es mi amado, tal es mi amigo,
mujeres de Jerusalén!...

Yo soy de mi amado,
y él me busca con pasión.

Cantares 1:2, 13, 16; 2:3-4; 4:16; 5:16; 7:10

Retírate con el Señor

Yo soy de mi amado, y mi amado es mío.

CANTARES 6:3

Una novia radiante saludó a sus invitados con una sonrisa brillante al entrar al salón de la recepción después de la ceremonia de casamiento. Con gracia dio vueltas y se movió por el salón mientras la cola de su vestido blanco resplandeciente se movía con fluidez por el suelo detrás de ella y el velo le caía como una cascada por la espalda adornada con botones.

Conversaba con cada uno de los invitados y se tomaba tiempo para mezclarse entre la gente y recibir los elogios. «Te ves absolutamente encantadora». «Tu vestido es maravilloso». «Nunca vi una novia más bella». «Qué ceremonia tan deslumbrante». Los elogios pródigos sonaban uno tras otro. La novia no cabía en sí de orgullo y estaba encantada con la adoración de la multitud. Hubiera podido pasar toda la noche escuchándolos y viéndolos derretirse alrededor de ella. Y eso fue lo que sucedió.

Sin embargo, ¿dónde estaba el novio? Toda la atención estaba puesta en la novia y ni una vez ella llamó la atención de alguien sobre su esposo. Ni siquiera notó su ausencia a su lado. Revisé la habitación buscándolo y preguntándome: «¿Dónde puede estar?».

Al final lo encontré, pero no donde esperaba que estuviera. El novio estaba parado solo en un rincón de la habitación con la cabeza gacha. Mientras miraba con fijeza el anillo en su dedo y le daba vueltas al aro de oro que su novia acababa de ponerle en el dedo, las lágrimas le corrían por las mejillas hasta llegarle a las manos. Fue entonces cuando me llamaron la atención las cicatrices de los clavos. El novio era Jesús.

Esperó, pero la novia no volvió su rostro hacia él ni una sola vez. Nunca lo tomó de la mano. Nunca les presentó a los invitados. Se movía sin depender de él.

Desperté de mi sueño con una sensación de náuseas en el estómago. «Señor, ¿así te hice sentir cuando buscaba amor en todos los lugares equivocados?» Lloré ante la idea de haberlo lastimado tan hondo.

Es lamentable, pero este sueño ilustra con exactitud lo que sucede entre Dios y millones de personas en su pueblo. Él se comprometió con nosotros en matrimonio, tomamos su nombre (el de «cristianos») y luego seguimos adelante con nuestra vida en busca de amor, de atención, de afecto en todas las fuentes que existen bajo el sol excepto en el Hijo de Dios, el amante de nuestras almas.

Ah, cuánto desea Jesús que los que le pertenecemos lo reconozcamos, se lo presentemos a nuestros amigos, nos retiremos para estar a solas con Él, nos aferremos a Él para obtener nuestra identidad, lo miremos anhelantes a los ojos, lo amemos con todo nuestro corazón y nuestra alma.

¿Qué me dices de ti? ¿Tienes esta clase de relación de amor con Cristo? ¿Experimentas el gozo inexplicable de la intimidad con aquel que te ama con una pasión mucho más profunda, más grande que cualquiera que puedas encontrar aquí en la tierra? Por experiencia propia sé que puedes hacerlo.

¿CÓMO LLEGO HASTA ALLÍ DESDE AQUÍ?

A lo mejor te preguntes cómo puedes llegar desde donde estás en este momento hasta este nivel de intimidad mucho más profundo y gratificante con Jesucristo. Nos servirá de ayuda mirar dónde comienza nuestra travesía espiritual como creyentes y la manera en que se desarrolla nuestra relación con Dios a medida que transitamos el camino hacia la madurez espiritual. El entrenador de vida y orador internacional Jack Hill (www.royal-quest.com) explica que existen seis niveles progresivos de relación con Dios tal como se encuentran en las siguientes metáforas de la Escritura:

- la relación alfarero/barro
- la relación pastor/oveja
- la relación amo/siervo
- la relación amigo/amigo
- la relación padre/hija
- la relación novio/novia

Creo que Dios nos dio estas metáforas para aumentar nuestra comprensión de su personalidad de tantas facetas y para ayudarnos a comprender la profundidad de su perfecto amor hacia nosotros (aunque la mente humana no es capaz de sondear semejante profundidad). Estas metáforas ilustran la maduración de nuestra relación de amor con Dios. Así como los niños se desarrollan en el plano físico hasta que alcanzan la edad adulta, los creyentes en Cristo se desarrollan en el plano espiritual por etapas, a medida que caminamos por la senda hacia la madurez espiritual. Al examinar la dinámica de cada una de estas etapas, tal vez logres discernir qué nivel de intimidad estás experimentando en este momento en tu caminar con Dios. También puedes determinar qué nivel de conexión puedes anticipar a medida que tu relación con Dios continúa floreciendo.

LA RELACIÓN ALFARERO/BARRO

Cuando llegamos por primera vez a Cristo, nuestra vida espiritual casi no tiene forma. Nos sometemos a Jesucristo como nuestro Salvador y le pedimos a Dios que comience a darnos la forma que quiere que tengamos. «Nosotros somos el barro, y tú el alfarero. Todos somos obra de tu mano» (Isaías 64:8; lee también Jeremías 18:4-6). Como un trozo de barro, podemos permitir que el alfarero que se preocupa por nosotros nos moldee y nos transforme, pero no podemos expresarle la respuesta de amor hacia Él. No logramos experimentar ninguna clase de intimidad profunda si permanecemos en este nivel de relación. ¿Por qué? Porque el valor de un trozo de barro se basa en el uso que se le puede dar. Cuando accedemos y sentimos que Dios nos usa, nos sentimos bien con nosotros mismos. Cuando echamos todo a perder o no tenemos una percepción clara del propósito, nos sentimos culpables y distantes de Dios. A menudo nos retraemos porque creemos que Él está enojado con nosotros por nuestra actuación tan pobre. Efesios 2:10 dice: «Porque somos hechura de Dios, creados en Cristo Jesús para buenas obras, las cuales Dios dispuso de antemano a fin de que las pongamos en práctica». Este versículo afirma que es importante que nos sometamos a Dios y le permitamos moldear nuestras vidas para lograr algo que le dé honra. Sin embargo, no quiere que nuestra relación se estanque allí. Desea que continúe creciendo en profundidad e intimidad.

LA RELACIÓN PASTOR/OVEJA

No me halaga que me comparen con una oveja, pero esta metáfora ilustra lo bien que Dios se ocupa de su pueblo, tal como un pastor atiende con cuidado a su rebaño. Dios habló a través del profeta Ezequiel:

> Así dice el SEÑOR omnipotente: Yo mismo me encargaré de buscar y de cuidar a mi rebaño. Como un pastor que cuida de sus ovejas cuando están dispersas, así me ocuparé de mis ovejas y las rescataré de todos los lugares donde, en un día oscuro y de nubarrones, se hayan dispersado [...] descansarán en un buen lugar de pastoreo y se alimentarán de los mejores pastos de los montes de Israel. Yo mismo apacentaré a mi rebaño, y lo llevaré a descansar. Lo afirma el SEÑOR omnipotente. (34:11-15; lee también la parábola del buen pastor en Juan 10:1-18)

Aunque las ovejas conocen la voz del pastor y la siguen, no tienen idea de lo que siente el corazón del pastor hacia ellas. Las ovejas no pueden compartir los sueños y esperanzas del pastor. Lo único que les preocupa es la necesidad diaria de alimento y agua. Aunque es importante que sigamos a Dios y confiemos en Él como nuestro cuidador y proveedor así como la oveja sigue al pastor, Dios anhela que tengamos mucho más de Él.

LA RELACIÓN AMO/SIERVO

En tanto que las ovejas se quedan afuera, los siervos viven al menos en la misma casa del amo y pueden conversar con él, siempre y cuando se trate de asuntos de trabajo. El siervo disfruta de una relación más íntima. Este nivel de relación se narra en la parábola de los talentos (Mateo 25:14-30, RV-60) y en la parábola de las diez minas (Lucas 19:11-27, RV-60). Sin embargo, los siervos saben muy poco de lo que sucede con el amo excepto en las cosas en que participan de forma directa. El valor de un siervo se basa en lo bien que puede ejecutar la voluntad de su amo. Si no logra comportarse de acuerdo con las expectativas del amo, lo sacarán de la casa y lo reemplazarán por otro. Aunque es importante que sirvamos a Dios de todo corazón y hagamos su voluntad, Dios sigue anhelando tener un nivel de intimidad aun mayor con nosotros.

LA RELACIÓN AMIGO/AMIGA

La relación de un siervo con su amo se basa en el trabajo y el desempeño, en tanto que el amor y la preocupación mutua es la base para una relación de amistad. Jesús les habló con mucha claridad a sus discípulos sobre este nivel más profundo de intimidad que disfrutaba con ellos cuando les dijo: «Ya no los llamo siervos, porque el siervo no está al tanto de lo que hace su amo; los he llamado amigos, porque todo lo que a mi Padre le oí decir se lo he dado a conocer a ustedes» (Juan 15:15). Lo que Jesús dice es: «Los valoro, no solo por la manera en que me sirven, sino porque comparten mi corazón». El valor de un amigo no yace tanto en lo que hace, sino en qué clase de persona es como confidente personal. Dios desea ser nuestro amigo, y desea que seamos sus amigas. Podemos experimentar este nivel de intimidad de la amistad como nos dice Santiago 2:23: «Así se cumplió la Escritura que dice: "Le creyó Abraham a Dios, y esto se le tomó en cuenta como justicia", y fue llamado amigo de Dios». También Proverbios 22:11 dice: «[La] que ama la pureza de corazón y tiene gracia al hablar tendrá por amigo al rey».

Sin embargo, por más cercanas que sean dos amigas, la sangre siempre tira.

LA RELACIÓN PADRE/HIJA

Al comprender y aceptar la verdad de que no somos simplemente el terrón de arcilla, la oveja, la sierva, ni siquiera la amiga de Dios, sino que también somos su propia hija, podemos experimentar una tremenda sanidad de las heridas y desilusiones de la niñez. Podemos dejar que Dios sea el padre o la madre (Él posee cualidades de los dos géneros) que necesitamos y deseamos tan intensamente. Podemos ser libres de la carga de tratar de producir o rendir para Él cuando entendemos que nos ama no por lo que hacemos sino por lo que somos como sus hijas. Pablo escribió:

> Pero cuando se cumplió el plazo, Dios envió a su Hijo, nacido de una mujer, nacido bajo la ley, para rescatar a los que estaban bajo la ley, a fin de que fuéramos adoptados como [hijas]. Ustedes ya son [hijas]. Dios ha enviado a nuestros corazones el Espíritu de su Hijo, que clama: «¡*Abba!* ¡Padre!». (Gálatas 4:4-6)

Por más maravillosa y sanadora que sea la relación padre/hija, la de novio/novia promete la conexión más íntima de todas.

LA RELACIÓN NOVIO/NOVIA

Cuando una mujer se convierte en una novia, el centro de su vida y sus prioridades cambian y toda la otra gente y las demás prioridades palidecen en comparación con su principal relación de amor. Repito, esta metáfora ilustra una verdad mucho más profunda: Dios desea un nivel de relación con nosotras tal que estemos enamoradas hasta lo más hondo de Él, que nos deleitemos con solo estar en su presencia, que lo conozcamos de manera personal tanto en público como en privado, y que nuestras prioridades estén alineadas con sus deseos.

Tal vez te parece que puedes relacionarte con Dios como Padre, Salvador o Señor, pero luchas con la idea de relacionarte con Dios de una manera tan íntima como la que te relacionas con tu esposo. Aunque algunos hasta quizá lleguen a decir que es irreverente relacionarse con Dios de una manera tan íntima. Dios siempre ha anhelado esta clase de relación con su pueblo escogido. A través del profeta Oseas, dijo: «Yo te haré mi esposa para siempre, y te daré como dote el derecho y la justicia, el amor y la compasión. Te daré como dote mi fidelidad, y entonces conocerás al SEÑOR» (2:19-20).

Según este pasaje, Dios ha extendido un eterno compromiso de amor con nosotras como su pueblo, un amor tan profundo, tan ancho y tan grande que ninguna mente humana es capaz de sondear. Es la clase de regalo que debe inspirarnos a responder con otro regalo de amor de igual medida, de acuerdo con las posibilidades humanas.

La Escritura muchas veces se refiere a la iglesia como la *novia* de Cristo. Si has recibido a Cristo como Salvador, eres su prometida. No cabe duda que Juan entendió el deseo de Dios de comprometerse con nosotros en esta clase de relación íntima de novio/novia. Escribe:

«¡Alegrémonos y regocijémonos
    y démosle gloria!
Ya ha llegado el día de las bodas del Cordero.
    Su novia se ha preparado,
y se le ha concedido vestirse
    de lino fino, limpio y resplandeciente».
(El lino fino representa las acciones justas de los santos).

El ángel me dijo: «Escribe: "¡Dichosos los que han sido convidados a la cena de las bodas del Cordero!"» Y añadió: «Estas son las palabras verdaderas de Dios». (Apocalipsis 19:7-9)

Lo que comenzó como una relación de compromiso entre Dios y los suyos en el jardín del Edén, se consumará por fin en la cena de las bodas del Cordero cuando Jesucristo vuelva para reclamar a su esposa (la iglesia). En la última línea de este versículo, el ángel le dijo de forma específica que añadiera que estas eran las «palabras verdaderas» de Dios, como si supiera de alguna manera que nos resultaría difícil sondear este tipo de relación nupcial con el Todopoderoso. Sin embargo, el amor del novio por nosotros es muy real.

Entonces, ¿cómo cultivamos este amor nupcial hacia Jesús y disfrutamos de esta relación íntima que Él anhela tener con nosotros? Enamorándonos de Él e intentando perseguirlo con la misma pasión con la cual Él nos ha estado persiguiendo todo el tiempo.

ENAMORASE PERDIDAMENTE

Christie, de unos veinte años, comenzó a sentir sed de un tiempo de comunión con Dios más profundo y significativo. Luego de orar para llegar a comprender bien cómo satisfacer esta sed, decidió separar una noche a la semana para «salir» con Jesús. Por más extraño que te parezca, Christie espera con todas sus ansias el momento de separarse del trabajo, de la escuela y de los otros amigos y disfrutar de las noches de los viernes a solas con Jesús.

Christie nos explica:

Algunas veces voy a un parque a celebrar un picnic y una noche de oración. Otras leo la Biblia y escribo cartas de parte de Dios en mi diario que incluyen toda la sabiduría, la corrección, el aliento y la afirmación que siento que me está dando. Otras veces voy a *Barnes & Noble* a beber café con el Señor y a leer cualquier libro al que Él me guíe de la sección de Vida Cristiana.

Algunas veces preparo una comida maravillosa y pongo la mesa para dos y converso con Dios como si en verdad estuviera sentado a la mesa conmigo porque sé que lo está. Algunas veces experimento su amor con tanta fuerza que siento que la cabeza me da vueltas. Una noche, hasta puse la mesa para cuatro e invité a Dios, a Jesús y al Espíritu Santo a cenar conmigo. Me sentía muy desbordante de gozo y segura en su presencia. ¡Me parecía que celebrábamos una fiesta celestial!

Si mi compañera de cuarto entra durante una de estas fiestas, ¡es probable que considere encerrarme en una institución siquiátrica! ¡Supongo que le diría que ya estoy comprometida con Dios! Amo mis preciosos momentos con el Señor, y si paso por alto una sola semana, lo extraño y sé que Él me extraña.

CAMINEMOS Y HABLEMOS CON JESÚS

A algunas mujeres les gusta sentarse en una silla mullidita para meditar durante sus devocionales con el Señor. A mí no. O me distraigo pensando en todas las cosas que debiera hacer o me quedo dormida. Me gusta caminar y hablar con el Señor. Por lo general, dejo a mis hijos en la escuela y luego conduzco hasta una de las muchas rutas solitarias donde tengo medida en mi mente una distancia de seis kilómetros de largo. Comienzo a estirarme y respirar hondo mientras le doy gracias a Dios por haberme dado otro día de vida y de buen funcionamiento. Mientras bebo la belleza de los altísimos árboles, inhalo el aroma de las flores silvestres, siento la brisa que me acaricia el rostro, tengo comunión con Dios a puertas abiertas durante mi caminata, como no podría hacerlo de ninguna otra manera. A medida que camino, hablo con Él en cinco aspectos:

- La adoración (decirle todas las cosas maravillosas que me encantan de Él, como sus misericordias que se renuevan cada mañana, su incomparable fuerza, su carácter compasivo y demás).

- La confesión (reconocer las muchas maneras en que he errado al blanco y pedirle que me revele cualquier cosa que haya hecho o cualquier actitud que haya tenido que le haya causado dolor).

- La acción de gracias (expresar mi gratitud por la multitud de bendiciones que tengo en la vida).

- La súplica (pedir una bendición especial o su dirección divina en ciertos asuntos).

- Otras (interceder por la familia y los amigos, por las mujeres que Dios me ha dado para que sirva y cualquier otra persona que Dios me traiga a la mente).

Tal vez te preguntes: «¿Cómo te acuerdas de todo?». Mediante la sigla ACTSO: Adoración, Confesión, Acción de gracias, Súplica y Otros[1]. ACTúo al orar, SOlo para sentirme en conexión con Dios, y a veces su respuesta es audible, no a mis oídos, sino a mi corazón. Como confesé, muchas veces siento que Él me consuela diciendo: «Está bien. No voy a permitir que eso se interponga entre nosotros». Cuando le pido que me guíe, por lo general mueve mi mente hacia una solución en la que no había pensado antes. Cuando oro por otros, siempre me insta a hacer o decir algo específico que los beneficie. Este tiempo de respuestas es una parte vital de mi vida de oración. Él ya sabe lo que hay en mi corazón sin que le diga una palabra. Necesito tomarme tiempo para escuchar lo que se encuentra en su corazón porque si no escucho, nunca tendré una pista. Muchas veces Dios me lo recuerda mientras camino y deambulo una y otra vez. Algunas veces cuando llego a la marca de cuatro o cinco kilómetros en mi caminata de seis kilómetros, siento que Dios me dice: «No te olvides de dejarme un poco de tiempo. Tengo muchas cosas que quiero decirte hoy». ¿Acaso me siento especial porque el Dios del universo quiera tener tiempo para conversar específicamente conmigo cada día? Puedes apostar que sí. Y desea hablar todos los días contigo también. ¿Tienes algún lugar en tu programa diario en el que puedas darle una cita sentada (o parada)?

Enoc caminó con Dios durante trescientos años, luego, Dios se lo llevó consigo (Génesis 5:21-24). Nunca supo lo que era la muerte. Puedo imaginar que Enoc caminaba con Dios de una manera tan íntima, tan alegre, que un día Dios sencillamente le dijo: «Mira, Enoc, estamos más cerca de mi casa que de la tuya. Vayamos a la mía».

Don y Deyon Stephens, cofundadores de *Mercy Ships International* [Barcos de Misericordia Internacional], cuentan acerca de la tía de Don, Lilly, que tenía una caminata con Dios a las cuatro de la tarde todos los días. «Si estabas de visita y la tía Lilly desaparecía a eso de las cuatro, tenías que saber dónde había ido y que estaría de vuelta alrededor de las cinco. Jamás permitía que nada le impidiera tener su cita con Jesús». La tía Lilly murió hace unos años, y cuando Don se preparaba para predicar en el funeral, preguntó a qué hora exacta había muerto. Sus sospechas se confirmaron cuando el hospital dijo que había muerto a las cuatro de la tarde. La tía Lilly no se perdió su caminata con Jesús.

UN ENCUENTRO APACIBLE

Cuando estoy estresada o me siento abrumada, he descubierto que quedarme quieta y en descanso en la presencia de Dios me ayuda a hacer frente a las demandas de mi matrimonio, de la maternidad y del ministerio. Aunque solía ser un manojo de nervios como para bajar el ritmo de la cantidad de tiempo necesario para tomarme estos «descansos en pro de la cordura», o como para molestarme en acostarme a menos que tuviera dos horas para dormir una siesta, ahora no dejo escapar cualquier momento cada vez que puedo. Si tengo veinte minutos antes de marcharme hacia la práctica de fútbol, les aviso a mis hijos que necesito «tiempo para mamá». Cierro la puerta, pongo el despertador, me acuesto en la cama e imagino que Jesús me abraza, me frota las mejillas y hasta me pasa los dedos por el cabello. Muchas veces, medito en el Salmo 46:10: «Quédense quietos, reconozcan que yo soy Dios». Estos pocos minutos pueden aliviarme el estrés, levantarme el ánimo, ajustar mi actitud y darme un nuevo renacer para seguir transitando mi atareado día. El solo hecho de saber que el Dios todopoderoso ve cuánto me esfuerzo por trabajar para mantener la casa, criar una familia, atender un ministerio y sentir su aliento amoroso para seguir adelante me da la fuerza para mantenerme en la carrera, aun cuando me encuentre tambaleante o sienta deseos de rendirme.

No sé tú, pero yo necesito con desesperación esa clase de aliento y de ánimo. Solía hacer cosas para los demás con tal de satisfacer esta necesidad. Me noqueaba yo misma por mi jefe e iba mucho más allá de mi llamado al deber, tan solo para escuchar: «Hiciste muy buen trabajo». Me arreglaba todo el tiempo y me vestía para llamarle la atención a los hombres con la esperanza de escuchar: «¡Te ves preciosa hoy!». Me excedía al hacer cosas por la gente tan solo para escucharlos decir: «Muy amable de tu parte».

No obstante, cuando buscas tu afirmación en otros, tienes que encontrar la manera para que vuelvan a decírtelo, lo cual con el tiempo te deja hecha pedazos. Con todo, he descubierto que la afirmación de Dios llena mi tanque emocional incluso más que lo que podrían hacer las palabras de elogio de las personas.

Cuando siento que el Dios del universo me dice: «Veo todo lo que haces y tu esfuerzo me produce gran gozo... Eres muy hermosa para mí, incluso cuando duermes... Veo tu corazón y eres muy especial para mí», lo que Él siente me deja mucho más tambaleante que lo que cualquier hombre me pueda decir.

ESCAPÉMONOS CON EL SEÑOR

Además de separar algún tiempo cada día para descansar en los brazos de Dios y conversar con Jesús, te recomiendo que programes un período sabático a solas con Dios al menos una o dos veces al año. Basado en la palabra *shabat,* el período sabático es una cantidad de tiempo importante que se separa para cultivar de un modo mayor la relación de amor con Jesús. Repito, a Dios le encanta que lo honremos con el regalo del tiempo. Qué mejor manera de honrarlo y de honrar tu deseo por su presencia que programar un encuentro prolongado con Él.

He practicado los períodos sabáticos durante los últimos años, y nunca he experimentado uno en el que Dios no me haya prodigado amor que renueve la vida y en el que no me haya dado una revelación muy grande para guiarme en mi vida o mi ministerio. Recuerdo un retiro al que me fui sola para estar con Dios y alinear mi corazón con el suyo. Acababan de otorgarme una beca parcial para una universidad muy prestigiosa a fin de hacer una maestría en terapia de orientación, y además, mi iglesia local se ofreció a cubrir el resto de la cuota y los libros. No cabía en mí ante esta increíble oportunidad, y nunca me cruzó por la mente que esto no fuera un regalo de Dios. Sin embargo, al segundo día del retiro, mientras le daba gracias por esta increíble provisión, sentí una pesada carga en mi corazón. «¿Qué puede andar mal?», me pregunté. Continué orando y luego me quedé escuchando. «¿Dios, tratas de decirme algo? ¿Hay algo que no veo en esto?»

En los ojos de mi mente tuve la visión de una mamá pájaro que dejaba a dos pichones en el nido. Entonces me di cuenta de que no había pensado mucho en lo que este nuevo esfuerzo significaría para mi hija de cuatro años y mi hijo de un año. Comencé a orar por mi hija y por mi hijo y a pedirle a Dios que me mostrara por qué sentía una carga tan pesada por una bendición financiera tan grande.

Entonces sentí que Dios me preguntaba: «¿Confías lo suficiente en mí como para dejar estas becas en el altar? ¿Las sacrificarías por el bien de mi voluntad para tu familia?». *¡Vaya!* Amaba a mi familia, pero la idea de renunciar a cincuenta mil dólares de enseñanza gratuita parecía casi una idiotez. Sin embargo, cuando llegué a casa, sabía sin una sombra de duda que esto era justo lo que Dios quería que hiciera. Al atravesar la puerta de mi casa, abracé con fuerza a los niños y miré a mi esposo con lágrimas en los ojos.

—Renuncio a las becas —le dije—. No regresaré a la universidad hasta que los niños sean mucho mayores. Si Dios proveyó el dinero una vez, puede proveerlo de nuevo cuando sea el momento oportuno. Sé que es un impacto, pero siento verdadera paz en cuanto a que esto es lo que Dios desea que haga.

—Entonces, ¿por qué lloras? —preguntó Greg.

—Porque estoy muy agradecida de tener a estos pinchoncitos en nuestro nido y a Dios que me guía en cuanto a cómo criarlos —le respondí.

Por supuesto, tenía que explicárselo a mi esposo, pero nunca me arrepentí de haber tomado aquella decisión. Supe que era la voluntad de Dios aunque no fuera la mía en aquel momento. Sabía que la paz que sentía al respecto era un regalo de Él mucho más valioso que cualquier beca. Y sabía que a los que aman a Dios todas las cosas les ayudan a bien, a aquellos que son llamados de acuerdo a su propósito (incluso a las madres que no tienen una maestría).

Cuando les he preguntado a las mujeres qué les impide hacer el esfuerzo de escaparse para retirarse con el Señor, las tres respuestas más comunes que recibo han sido falta de tiempo, la falta de dinero y la falta de ayuda con la casa y los niños. Si escaparte con Dios es algo que de verdad deseas hacer, te volverás lo bastante creativa como para hacerlo realidad. Por ejemplo, si te parece que no tienes un fin de semana para estar a solas con Dios, pídele que te muestre maneras de reordenar las prioridades a fin de tener algún tiempo prolongado disponible durante la semana, aunque sean solo unas pocas horas. Todas tenemos el mismo día de veinticuatro horas, y Él te ayudará a separar algún tiempo para tan alta prioridad. Si no estás en condiciones de gastar dinero, pon en funcionamiento la creatividad para ver cómo puedes irte por algún tiempo. Muchas veces les pido a algunas personas en nuestra iglesia que me presten su casa en el lago por unos pocos días durante la semana, y me llevo la comida o ayuno durante esos días.

Si te parece que no puedes irte para retirarte con el Señor debido a la casa y a tus responsabilidades como madre, trata de explicarle a tu esposo que serás una esposa y una madre mucho mejor si tienes este tiempo para pasar a solas con Dios. (¡Mi esposo me anima a tomarme estos períodos sabáticos cuando no me encuentro muy bien!) Si estás sola con tus hijos y no puedes reclutar la ayuda suficiente de otros parientes, haz un trato con una amiga que se encuentre en una situación similar. Programen dos fines de semana diferentes u otras ocasiones en que las dos puedan hacer un intercambio de casas. El primer fin de semana, tú y tus hijos vayan a su casa a cuidarle los hijos a ella y atender las tareas mientras ella disfruta de su tiempo a solas con Dios en tu casa. Haz que sea maravilloso para ella. Déjale un florero con un ramo de flores silvestres y algunas frutas frescas sobre la mesa. Equipa el baño con baños de burbujas, alguna máscara facial y una vela de olor suave. Déjale unas mentas sobre la almohada y algunos CD relajantes en el dormitorio. Luego, cuando sea tu turno, ella se ocupará de tu casa y de tus hijos y te obsequiará con un retiro con Dios en su casa.

Aunque la idea de enviar a los niños a otro lado y quedarse en casa es tentadora, he descubierto que nunca da tan buenos resultados porque me distraigo con las cargas de ropa para lavar, el polvo que limpiar y los montones de correspondencia. Así que vete a otra parte. Ofrécete a cuidarle la casa a alguien. Si eres aventurera, vete de camping. Sal del entorno de todos los días y de la rutina y ten una nueva experiencia refrescante con el Señor.

Si acaso te preguntas: «¿Qué *haría* en un retiro con Dios?» (pues te sale la Marta que todas tenemos dentro, a la que le parece que debemos *hacer* algo), aquí tienes algunas ideas para que tu creatividad comience a fluir. Recuerda, piensa como María (lee Lucas 10:38-42). Esta es una oportunidad increíble para retirarse y disfrutar de la presencia de Jesús, aunque algunas de estas ideas le quedarán bien a la María (la adoradora) y a la Marta (la que está atareada haciendo cosas) que hay en ti. Cualquiera de estas ideas se pueden adaptar para que se ajusten a tu programa, ya sea que te las hayas ingeniado para dejar libres tres días, uno, o algunas pocas horas.

Retiro «pasado, presente y futuro»

Separa tu tiempo en tres segmentos. Durante el primero, piensa en tu niñez o en tu pasado reciente. ¿Hay personas a las que debes perdonar? ¿Hay personas a las que debes pedirle perdón? Tómate tiempo para escribirle cartas a esta gente, limpiando tu conciencia y enviándoles una bendición. A continuación, examina tu presente. Haz una lista de cómo pasas el tiempo cada día y fíjate si estás invirtiendo en tus verdaderas prioridades o sencillamente te ocupas de lo urgente cada día. Pídele a Dios que te muestre cómo reestructurar tu tiempo cada día a fin de lograr esas cosas e invertir en las relaciones que son más importantes para ti. Por último, concéntrate en tu futuro. ¿Cuáles son tus metas supremas en la vida en el aspecto espiritual, relacional, profesional y financiero? Pídele a Dios que te muestre cómo satisfacer estas metas y cómo convertirte en la mejor mayordoma posible del precioso tiempo con el cual Él te ha bendecido aquí en la tierra.

Retiro de pasatiempos

¿Qué es lo que más te gusta hacer? ¿Pintar, leer, escribir? Prepara algún tiempo para hacer precisamente eso a solas con Dios. Sea lo que sea, empaca tus herramientas o libros, o cualquier cosa que necesites, y huye. Pinta con pasión y dedica tu obra de arte para la gloria de Dios. Toma algún buen libro de vida cristiana o de ficción cristiana y léelo con voracidad, sin pedir disculpas. Llévate una buena pila de fichas para tomar nota y una computadora portátil. Busca la dirección de Dios y devánate los sesos pensando en cosas que puedas escribir en forma creativa que glorifiquen a Dios.

Retiro de «oración, alabanza y mimos»

Demasiadas veces tratamos de sentarnos en su presencia a las seis de la mañana, medio dormidas y con el pijama puesto. La última sensación que tenemos es de esplendor y pasión. ¿Recuerdas el meticuloso proceso de preparación para esa cita ardiente con ese alguien especial? Este es un proceso que todas desearíamos tener tiempo para repetir en estos días en que tengo que alistar a todo el mundo y a mí en cuarenta y cinco minutos o menos. Dedica tiempo para un fin de semana de balneario espiritual. Llévate todos tus productos favoritos de baño y de belleza y mímate para presentarte ante el Rey. Te asombrarás al ver cómo, cuando te sientes bonita por fuera, la pasión fluye con libertad desde el interior. Tu corazón de adoración remontará vuelo y no querrás dejar de hablar con Dios, así como hubieras podido conversar toda la noche en aquella cita largo tiempo atrás. Aunque no cabe duda de que Dios nos ama incluso cuando no nos hemos depilado las piernas, cuando no tenemos maquillaje y cuando tenemos todo el cabello revuelto, también se merece que de vez en cuando su princesa se siente a sus pies sintiéndose y viéndose de la mejor manera posible.

Retiro de intercesión

Muchas mujeres tienen una carga muy grande por otros, pero la carga de una agenda colmada nos impide orar hasta que sintamos paz por esos individuos. Toma tu Biblia, tu libreta de direcciones, algunos artículos de escritorio bonitos y un bolígrafo, y huye para tener un largo tiempo de intercesión. Ora por los que tienes más cerca y por cualquier otra persona que Dios te ponga en el corazón. Pídele a Dios que te dé un versículo especial para transmitirles a esos individuos por los cuales te preocupas tanto, y escríbelo junto con una dulce nota para ellos. Ya sea que me encuentre en una lucha, que me esfuerce por algo, sobreviva o tenga éxito, me hace muy bien recibir una nota de una amiga o de un miembro de la familia que diga: «Has estado en mi corazón y estoy orando por ti». Hasta es mucho mejor ser uno el que le ilumina el día a otro con una nota así.

Retiro «Gracias por los recuerdos»

De todos los regalos que Dios nos da en la vida, ¿hay alguno que valoremos más que los gratos recuerdos de ocasiones especiales con la familia y los amigos? Muchas veces he pensado: «Aunque mi casa se incendiara por completo y perdiera todo, sigo teniendo mis recuerdos». Por lo general, el pensamiento que sigue es: «Y si alguna vez huelo a humo, ¡lo primero que hago es asir mi álbum de fotos!». Invierte en un hermoso álbum de recortes, en alguna tijera con un diseño creativo y algunos papeles y lápices de muchos colores. Reúne todas esas fotografías que has acumulado en una caja durante años y vete a este retiro «Gracias por los recuerdos» con un corazón agradecido por toda la gente maravillosa que hay en tu vida y por todos los tiernos momentos que disfrutaron. Dale gracias a Dios por cada fotografía del álbum y ora pidiendo una bendición especial sobre cada rostro que adorna tus páginas.

Retiro «Para dejar un legado de amor»

Toma tu Biblia, papel y bolígrafo (o una computadora portátil), y muchos pañuelos de papel para llevar a este retiro. El objetivo es mirar hacia atrás en tu vida y recordar los momentos espirituales más significativos que te convirtieron en la persona que eres. Haz una «línea del tiempo espiritual», desde el nacimiento hasta el presente y registra los altibajos espirituales de tu vida. Pídele a Dios que te muestre estas marcas espirituales y por qué hizo o permitió que sucedieran estas cosas. Discierne cómo obraron todas ellas para tu bien y para la gloria de Dios. Procura entender cuál es tu propósito divino en la vida. Luego, escríbeles una carta a tus hijos en la cual les expliques estos acontecimientos y les comuniques cómo el Dios que te llevó a través de los picos de esas montañas y a través de esos valles en la vida, también será el Dios que los lleve a ellos a través de los días más brillantes y más oscuros. Diles lo que esperas que hayan aprendido de ti y lo que deseas que recuerden cuando te hayas ido.

Mi tío abuelo Dorsey (que también era pastor) hizo algo por el estilo no mucho antes de morir. Con una grabadora de mano y algunos casetes, contó historias de su niñez, recuerdos de sus días en la Segunda Guerra Mundial y muchas de sus historias favoritas desde el púlpito. No hay muchas reliquias de familia que atesoremos más que nuestro propio juego de casetes del tío Dorsey. Si te tomas tiempo para dejar este inolvidable legado de amor, es muchísimo lo que le comunicarás a tus hijos acerca de tu fe en Cristo y de tu amor hacia ellos. También les fortalecerá su propia fe.

Mientras haces planes para tu retiro especial, no te olvides de llevar algunas cosas para hacer que tu tiempo a solas con Dios sea especial y placentero. Aquí tienes una lista de equipaje para ayudarte a prepararte para tu inolvidable retiro:

- música de íntima adoración o poderosa música cristiana contemporánea y un reproductor de CD.
- una vela aromática y fósforos
- un baño de burbujas y una afeitadora para depilarte las piernas
- máscara facial y una loción corporal perfumada
- un equipo de manicura y esmalte para uñas
- leños refractarios para la chimenea si es que hay una
- tus golosinas favoritas (¡deja la mantequilla de maní y la mermelada en casa, mamá! ¡Llévate las fresas cubiertas con chocolate!)

- pijamas cómodos, pantuflas y tu manta y almohada favorita
- la Biblia, un libro devocional, un diario y un bolígrafo
- vestimenta y zapatos para caminar

Espera esta experiencia como si fuera una cita excitante. Te escapas con tu Amado, no te confinas en un convento. Sé creativa y deléitate en la belleza del tiempo íntimo a solas con Dios.

Sin embargo, te advertiré algo: *La experiencia de este increíble placer puede ser adictiva.* Mis retiros anuales han pasado a ser excursiones mucho más frecuentes. Ningún ser humano es capaz de satisfacer nuestras necesidades más profundas como Dios lo hace, ni deberíamos esperar que nadie lo haga. A mi esposo no le importa concederme este tiempo fuera de casa porque vuelvo reanimada, con una renovada sensación de gozo por ser la novia de Cristo y una fresca pasión por ser la esposa y madre que Dios me ha llamado a ser. No se me ocurre una manera mejor de pasar el tiempo.

¿Y qué hay de ti? ¿Necesitas un avivamiento personal y una renovada sensación de gozo? ¿Anhelas un nivel de intimidad y de satisfacción más profundo que el que te puede proporcionar un esposo? ¿Estás lista para deleitarte en el amor especial de Dios hacia ti y saborear tu papel como su esposa escogida? Si es así, esfuérzate en dedicar algún tiempo especial y busca un lugar especial al cual huir para encontrarte con tu novio celestial.

 Tu amor, SEÑOR, llega hasta los cielos; tu fidelidad alcanza las nubes. Tu justicia es como las altas montañas; tus juicios, como el gran océano [...] ¡cuán precioso, oh Dios, es tu gran amor! [Toda mujer] halla refugio a la sombra de tus alas. Se sacian de la abundancia de tu casa; les das a beber de tu río de deleites. Porque en ti está la fuente de la vida, y en tu luz podemos ver la luz.

Salmo 36:5-9

Todo tranquilo en el frente del hogar

[A la] que salga [vencedora] le daré el derecho de sentarse conmigo en mi trono, como también yo vencí y me senté con mi Padre en su trono.

APOCALIPSIS 3:21

Hace poco conocí a una joven mujer que creció en Sierra Leona, país al oeste de África destrozado por la guerra. Mientras las balas silbaban por las calles de la ciudad y las tierras minadas les volaban los brazos y las piernas a los niños que jugaban en los campos, para Lela y su familia cada día era una lucha por sobrevivir. Hacía menos de dos años que vivía en Estados Unidos cuando le pregunté qué era lo que más le gustaba de vivir en este país.

—La paz —me respondió con una dulce sonrisa—. No hay nada como vivir en paz.

—¿Cómo podías sobrellevar el caos de la guerra a tu alrededor día tras día? —le pregunté también.

Se encogió de hombros y contestó:

—Cuando la guerra es todo lo que has conocido, no te das cuenta de lo caótica que es.

Aunque nunca he conocido el terror de esquivar balas ni minas, la verdad de la aseveración de Lela me sonó conocida. Nunca me di cuenta de lo intensa y caótica que era mi vida hasta que experimenté la paz de vivir con integridad sexual y emocional. Durante años, me había dirigido ciegamente hacia situaciones comprometedoras, había andado por las mesas mendigando bocados de afecto y me había encontrado durmiendo con el enemigo una vez tras otra. De forma sistemática confundía la intensidad con la intimidad y el concepto de una relación pacífica parecía incomprensible.

Entonces Dios, en su soberanía, miró más allá de mi debilidad y vio mi necesidad de intimidad genuina. Y a pesar de mi infidelidad, Él ha sido fiel en guiarme hacia ese lugar de tranquilo descanso en las relaciones con mi padre, con mi esposo y conmigo misma. No pasé del caos a la paz de la noche a la mañana como le sucedió a Lela, sino a través de un largo proceso que continúa hasta el día de hoy.

Sin embargo, antes de contarte más acerca de lo que Dios hizo en mí, quiero volver a visitar un par de mujeres cuyas historias se cuentan en el primer capítulo de este libro. Las dos se han trasladado de una caótica lucha de transigencia sexual a un tranquilo lugar de descanso.

NO MÁS EXTRAÑOS EN EL DORMITORIO

¿Te acuerdas de Rebeca, la que fantaseaba con que un extraño la sedujera en algún lugar exótico a fin de llegar al orgasmo mientras hacía el amor con su esposo? Ahora nos cuenta:

> En aquel momento, no pensaba que lo que hacía estaba mal. Ahora me doy cuenta de que Craig se sentía tan herido por lo que albergaba en mi mente mientras teníamos relaciones sexuales como me hubiera sentido yo si él hubiera deseado mirar pornografía mientras me hacía el amor. Al comprender cómo cada uno lucha para mantener la integridad sexual, nuestro matrimonio se ha trasformado, en particular, nuestro dormitorio [...]
>
> Hice lo que recomendaste [...] Dejamos una luz tenue encendida y abro los ojos cada vez que siento que mi mente divaga fuera del dormitorio. Se necesita concentración, pero cuando me relajo y me concentro del todo en Craig durante la relación sexual y en lo que

experimentamos juntos, me siento muy cerca de él y mucho más cerca de Dios. Ahora en verdad disfruto de la relación sexual en lugar de tolerarla nada más y dejar que mi mente vagabundee. Nunca supe que podía ser tan profundamente gratificante.

Los pensamientos inadecuados todavía tratan de filtrarse de tanto en tanto, pero cuando comparo nuestra antigua vida sexual con este nuevo nivel de intimidad que hemos descubierto al guardar nuestras mentes puras el uno para el otro, me siento inspirada para redirigir mis pensamientos de vuelta al regalo que Dios me ha dado con Craig.

Rebeca tiene razón. Te sentirás tentada a recurrir a tus viejas fantasías, al viejo hábito de masturbación o a tus modelos de relaciones disfuncionales. Sin embargo, eso no quiere decir que no puedas tener la victoria una y otra vez. Con cada pensamiento que lleves cautivo, con cada palabra inadecuada que no digas, con cada avance extramatrimonial que rechaces y cada experiencia sexual íntima que disfrutes con tu esposo, estarás reforzando tu victoria y acogiendo el plan de Dios para tu plenitud sexual y emocional.

LIBRE DE LA RED DE LA INTRIGA
Seis años después de que *MiamiMike* escoltó a Jean a su apartamento para sumergirse en su bañera caliente y sorber unas copas de champagne, Jean nos da este informe actual:

Desearía poder decir que hice lo debido aquella noche, pero no es así. Viví todo aquel fin de semana como si fuera la escena de una película, pero el final no fue ni remotamente tan feliz por siempre jamás, como la mayoría de las películas que he visto. Cuando terminó el fin de semana, Mike y yo nos separamos. Él sabía que me sentía culpable y respetaba mi deseo de no volver a ponerse en contacto conmigo. Sé que tuve suerte. He escuchado historias de terror de hombres que han acechado a mujeres que conocieron en la Internet.

No se lo dije a mi esposo durante casi tres años, pero me parecía que el secreto me iba a podrir las entrañas si no lo sacaba afuera. No pasó un solo día sin que me castigara por lo sucedido y tenía que fingir que disfrutaba de la relación sexual con Kevin. Todo lo que podía pensar era: *¿Me seguirá amando si conoce mi secreto?* Me parecía que actuaba en una obra, incluso con mis hijos. Mi secreto me impedía por completo sentirme real.

Al final, me fui con Kevin a unas vacaciones de fin de semana sin los niños para poder limpiar mi conciencia. Se lo conté cuando íbamos hacia el hotel y le ofrecí estar en cuartos separados si necesitaba algún tiempo lejos de mí para pensar en lo que deseaba hacer. Lo hubiera entendido del todo si hubiera decidido divorciarse. Con todo, su respuesta no fue nada de lo que esperaba.

—Jean —me dijo—, ¿por qué lo hiciste?

Entre lágrimas le expliqué que no tenía ninguna buena razón para haberlo hecho y que había lamentado ese monumental error desde aquel fin de semana. Entonces me preguntó:

—Si sabías que podías salirte con la tuya, ¿por qué nunca lo volviste a hacer desde entonces?

Esta pregunta me tomó fuera de guardia.

—¡Porque yo *no* soy así, Kevin! —exclamé, confundida y un tanto ofendida.

—Ya lo sabía, Jean. Solo quería asegurarme de que tú también lo supieras —dijo Kevin con compasión mientras me abrazaba y se ponía a llorar—. Estoy feliz de que estés aquí todavía. Estoy contento de no haberte perdido para siempre. Saldremos adelante.

El perdón de Kevin no vino en forma inmediata. Eso llevó tiempo y varios meses de asesoramiento matrimonial;

pero su amor y compromiso nunca vacilaron. No diré que estoy feliz de haber hecho lo que hice, pero diré que a través de esta prueba nuestro matrimonio se ha vuelto más íntimo, nuestra comunicación es más abierta y sincera, y nos hemos vuelto más fuertes como individuos y como pareja.

Trasladamos la computadora a la sala e hicimos un pacto el uno con el otro de no navegar en la Internet ni de entrar en las salas de charla si no hay otra persona en la habitación. Kevin dice que este pacto no es solo para mantenerme a mí a salvo, sino también para librarlo a él de la tentación de mirar la pornografía de la Internet. Como todo esto salió a la luz, somos mucho más sinceros el uno con el otro acerca de nuestras luchas sexuales y nuestras tentaciones emocionales, pero tenemos gracia el uno para con el otro y sentimos una conexión que faltaba cuando nos guardábamos los secretos.

Cada vez que Jean se conecta con su esposo en lugar de hacerlo con un amigo cibernético, fortalece su propia resolución de evadir el compromiso a todo costo. Aunque hayamos caído una o varias veces, la historia de Jean nos recuerda que la intimidad genuina y la plenitud siguen estando a nuestro alcance. A medida que aprendes quién eres en Cristo (de acuerdo al ejercicio que se encuentra al final del capítulo 4), llegarás a comprender que no eres una víctima de esta batalla, sino una vencedora. ¿El premio? Paz en tu espíritu, liberación de emociones y pensamientos opresivos y perturbadores, armonía en tus relaciones con Dios y con los hombres y la plenitud sexual que Dios anhela que experimentes.

EL DOLOROSO PROCESO DE ALIVIO DE MI DOLOR

Mi viaje hacia la paz de la integridad sexual comenzó en 1996 con varios meses de terapia individual y grupal. Allí, al romper guías telefónicas y gritarle a las sillas vacías en lugar de a las personas inocentes que vivían en casa, desahogué mi ira hacia cada persona que me había herido. Me sentaba en una silla frente a la imaginaria «Shannon de quince años» (la adolescente que una vez fui y que estaba a punto de cometer todos los errores sexuales por los que atravesé después). Con la guía de mi consejera, estuve en condiciones de expresar en voz alta la nueva comprensión que tenía del dolor y la soledad que sintió esta niña de quince años, pude compadecerme de su ingenuidad y confusión acerca de sus deseos sexuales y emocionales y pude perdonarla por las malas decisiones que tomó y por el dolor que su pobre juicio nos causaría a mí y a muchos otros. Escribí cartas de perdón a mi padre y a mi madre, una colección dolorosamente sincera que jamás envié y otra más aceptable desde el punto de vista social que envié por correo y que se recibió con sincero aprecio. También me escribí una carta de perdón. Al mirar la lista de mis anteriores compañeros, me di cuenta de que buscaba amor, aprobación y aceptación de cada figura de autoridad en mi vida, excepto de mi verdadero padre y de mi Padre celestial. Me embarqué en la misión de llegar a conocerlos mejor a los dos, así que con frecuencia, buscaba tiempo para realizar viajes familiares y retiros con el Señor.

Durante esta época de crecimiento y sanidad, crucifiqué mis deseos carnales y enterré muchos recuerdos amargos. Al final, mi consejera me echó de su oficina y me dijo: «¡Estás sana! ¡Ve! ¡Ya no me necesitas!».

Al poco tiempo, sentí que Dios me llamaba a hablarles a los jóvenes acerca de la pureza sexual, para enseñarles todas las cosas que me hubiera gustado aprender cuando tenía la edad de ellos. Aun así, discutí: «Señor, ¡te equivocaste de persona! No tengo preparación para hablar en público y mi vida no es precisamente un ejemplo para que sigan los jóvenes». Sin embargo, al estudiar la vida de Moisés en el libro *Mi experiencia con Dios* de Henry Blackaby, Dios me convenció de que sabía lo que hacía y que era absurdo que discutiera con Él como si no lo supiera.

Mi fervor por la pureza sexual creció hasta que se convirtió en un fuego en mis huesos que parecía que me iba a consumir si no abría la boca y dejaba salir las palabras. Aunque, al mirar atrás, veo que me enamoré más de hablar que del Señor. Todavía seguía adorando a otro dios. Muy orgullosa, suponía que este asunto de «morir» era un asunto de una sola vez, y pensaba que había ganado esa batalla de una vez y para siempre. Me imaginaba que una vez que una está muerta, está muerta, ¿no es así? ¡No se puede estar «más muerta»! Con todo, pronto descubrí que morir a mis deseos mundanos era un requerimiento diario. El sacrificio vivo que había puesto sobre el altar se había escabullido sin que me diera cuenta.

Seguí consintiéndome con «pequeñas» tentaciones aquí y allá, sobre todo en una relación en particular con un amigo (lo llamaré John). En el transcurso de muchos años, John y yo almorzábamos juntos de vez en cuando y conversábamos sobre nuestras visiones y sueños con respecto al ministerio. Estas conversaciones estimularon mi mente y mi espíritu, y muchas veces teníamos largas conversaciones en el teléfono, por lo general, cuando mi esposo estaba en el trabajo. No pensé nada al respecto porque no escondíamos nada de nadie.

A lo largo de los años, muchas veces, en tono de broma, nos hacíamos comentarios bonitos, pero en un momento, le dije a mi esposo que algunos de los comentarios de John parecían lindar en el coqueteo. Como conocía bien a John, Greg no le presto atención a mi preocupación pensando que había reaccionado de manera exagerada.

Sin embargo, el coqueteo de John se volvió tan evidente que me pareció que debía enfrentarlo durante un almuerzo. Como respuesta a una de sus bromas, le dije: «Comienza a sonar como si ya no estuvieras solo jugando y me asustas. Estoy un poco preocupada por nuestra amistad y me pregunto si no deberíamos establecer algunos límites firmes».

John confirmó mi sospecha cuando respondió: «¿Por qué? ¿Tú también te sientes tentada?». Siguió diciendo que había estado enamorado de mí durante mucho tiempo y que estaba dispuesto a renunciar a su matrimonio y a su ministerio si huía con él.

¿Yo me sentía tentada? Sin lugar a dudas.

«Pero, ¿cómo es posible que te hayas sentido tentada si estabas felizmente casada?», quizá te preguntes. Porque había estado sembrando las semillas de la transigencia en la mayoría de las maneras sobre las que he advertido en este libro. Había comparado a mi esposo con John una y otra vez en mi mente. Había albergado fantasías de conversaciones más íntimas con él. Si me hubiera impuesto límites mentales, emocionales, espirituales y físicos, John nunca se hubiera sentido en libertad de decir las cosas que dijo, y yo tampoco me hubiera sentido tan atraída hacia él emocionalmente. En retrospectiva, veo con cuán poca atención pasé a toda velocidad por las luces verdes de los niveles de atención y atracción, pasé zumbando frente a la luz amarilla del nivel de afecto y me fui de boca contra la luz roja de la excitación emocional y del apego al involucrarme en una aventura emocional.

Aunque hubiera sido fácil echarle la culpa a John, en mi corazón sabía que no podía. Tú eres la que les enseñas a los demás cómo tratarte, y poco a poco, le enseñé a John que podía ser demasiado simpático, tal vez hasta avanzar conmigo y salirse con la suya. Los paseos juntos en auto, los almuerzos ocasionales en los que hablábamos de detalles íntimos de nuestros matrimonios y ministerios, las bromas que nos enviábamos de ida y vuelta con ribetes pícaros y las insinuaciones románticas habían preparado el camino. Lo único que puedo agradecer es que Dios proveyó un desvío, tal como prometió en 1 Corintios 10:13: «Ustedes no han sufrido ninguna tentación que no sea común al género humano. Pero Dios es fiel, y no permitirá que ustedes sean tentados más allá de lo que puedan aguantar. *Más bien, cuando llegue la tentación, él les dará también una salida a fin de que puedan resistir*» (énfasis añadido).

La salida de Dios para mí se presentó en forma de un verdadero desvío. Desesperada por dirección, acepté la invitación de una consejera para escaparme a un período sabático a fin de buscar la voluntad de Dios en esta situación cada vez más incómoda. Mientras conducíamos, perdimos por accidente la salida de la autopista y continuamos conduciendo una hora más hasta la interestatal antes de darnos cuenta que nos habíamos alejado mucho. Nos detuvimos a pedir instrucciones y a almorzar en Lindale, Texas. Mientras mi amiga bendecía nuestros burritos, escuché con claridad la voz de Dios que me decía al corazón: «Múdate aquí».

Parecía que mi fe se ponía a prueba. ¿Podía confiar en que esta dirección venía en verdad de Dios o era mi mente que me engañaba otra vez? ¿Podía poner en práctica lo que predicaba acerca de permanecer en pureza sexual o consentiría en vivir una vida doble? ¿Podía dejar a John sin mirar atrás o se había convertido en un ídolo al cual me iba a aferrar? ¿Deseaba resistir la tentación extramatrimonial lo suficiente como para renunciar a mi ministerio, vender la casa de mis sueños, dejar a mi familia extendida y a mis amigos para mudarme a un lugar en el que nada me resultaba conocido? ¿O acaso deseaba aferrarme a mi propio reino y permanecer en mi zona de comodidad? Estas y toneladas de otras preguntas me daban vueltas, pero todas se evaporaron ante las siguientes: ¿A quién amaba más? ¿En quién confiaba más? ¿A quién seguiría, a Dios o a John?

Mientras Greg y yo orábamos y pedíamos confirmación para saber si esta dirección venía, en verdad, de parte de Dios, nos sentimos atraídos por la historia de Abram. En Génesis 12:1, el Señor le dijo a Abram: «Deja tu tierra, tus parientes y la casa de tu padre, y vete a la tierra que te mostraré». Decidimos que confiaríamos y obedeceríamos, aunque el camino de salida de todo este lío no estaba claro.

Pusimos un cartel DUEÑO VENDE en el jardín de nuestra casa de los sueños en Dallas. En seis días se vendió y teníamos que dejarla desocupada en tres semanas. Le dijimos a un agente de bienes raíces que teníamos que encontrar una casa en Lindale, ¡y rápido! El primer lugar al que nos llevó había salido al mercado dos días antes: un gran terreno apartado con una vieja cabaña de troncos que miraba a un arroyo en los bosques de pino del este de Texas.

Aunque me encantaba la casa que teníamos en Dallas, esta cabaña es en verdad el paraíso de un escritor y un lugar en el cual la presencia de Dios se hace evidente. Además, se encuentra a un paso del campus de *Teen Mania Ministries,* donde Dios me dio el increíble privilegio de dar a luz a *Women at the Well Ministries,* que ayuda a mujeres jóvenes que se encuentran atrincheradas en batallas sexuales y emocionales. Para alguien que conoció demasiado bien el sabor de la derrota, la emoción de la victoria es algo para saborear de verdad y para contárselo a otros.

En Mateo 19:29, Jesús les dice a sus discípulos: «Y todo el que por mi causa haya dejado casas, hermanos, hermanas, padre, madre, hijos o terrenos, recibirá cien veces más y heredará la vida eterna». Fiel a su palabra, Dios nos ha devuelto más de cien veces todo lo que nos pidió que entregáramos por amor a la justicia. Sacrificamos una bonita casa sobre un terreno de media hectárea en medio del ajetreo de Dallas, por un terreno de cincuenta hectáreas en la tranquila campiña. Sacrifiqué un ministerio de conferencias que alcanzaba tal vez a doscientos jóvenes al año y ahora, a través de *Teen Mania* y otros ministerios, Dios me permite enseñar a más de doscientas mujeres a la semana. Con todo, por más hermoso que sea el territorio físico y espiritual agrandado, muchas veces recuerdo las palabras de Dios a Abram: «Yo soy tu escudo, y muy grande será tu recompensa» (Génesis 15:1).

Mi gozo no se encuentra en este terreno, en un ministerio y ni siquiera en la restauración de mi autoestima. Mi grandísima recompensa es toda la intimidad y el éxtasis que experimento con el Señor mismo, una relación que me llena hasta desbordar, me da un gozo indecible y hace que todas las otras relaciones palidezcan en comparación.

No te prometo que Dios te dará las mismas recompensas físicas que yo recibí. Sin embargo, te puedo prometer que anhela disfrutar de esta clase de relación íntima *contigo*. También tiene recompensas justo a tu medida que deleitarán tu corazón de la manera en que deleitaron el mío. Él promete en Mateo 6:33 que, si buscamos primeramente su reino y su justicia, sus bendiciones nos serán añadidas.

Tampoco te prometo que Dios te sane de la misma manera en que me sanó a mí. La sanidad viene en forma gradual en la mayoría de las mujeres, pero Dios sabe qué proceso te dará mejor resultado. Solo Él sabe cómo librarte del caos de la transigencia y llevarte a un lugar de victoria.

Aunque espero que uses este libro[1] para dirigirte a un lugar de integridad mental, emocional, espiritual y física, te animo a que más que nunca vayas directo a Dios para que te guíe. Él conoce el camino. Sencillamente, encuéntrate con Él con regularidad para buscar dirección.

Mientras buscas una genuina intimidad con el Dios que te ama y que sostiene el plan para tu plenitud sexual y emocional, oro para que no solo descubras la emoción de la victoria en esta batalla, sino que también experimentes un gozo indescriptible en este viaje.

Que el Dios de la esperanza los llene de toda alegría y paz a ustedes que creen en él, para que rebosen de esperanza por el poder del Espíritu Santo.

Romanos 15:13

Epílogo
(de Stephen Arterburn)

La batalla para conseguir la plenitud emocional y sexual no es fácil porque la vida está llena de desilusiones. Para algunas mujeres, cada día es una invitación a vivir en un mundo de fantasía que no tiene paralelo en la realidad. Por lo tanto, si eres casada, debes vivir todos los días resueltamente concentrada en construir una unión con tu esposo que sea cada vez más fuerte con el tiempo, incluso a través de las temporadas difíciles. La realidad de la vida es que el matrimonio no es fácil y que requiere un gran esfuerzo para transformar la institución en una unión asombrosa de amor tal como desea Dios. A pesar de los retos, merece la pena esforzarse por las recompensas de la rica intimidad y profunda conexión.

Si estás sola, ya sea que nunca te hayas casado, estés divorciada o viuda, tienes una tarea diferente. Debes construir una unión más fuerte e íntima con Dios. Esta unión puede producir una plenitud y una conexión tal, que nunca sentirás que estás incompleta al estar sola. El plan de Dios para ti es tan rico y abundante como su plan para las mujeres casadas.

Sin embargo, ¿qué sucede si estás casada con alguien que no quiere cambiar o está tan dañado que no puede cambiar? Desearía que de alguna manera estuviéramos protegidos para no tomar decisiones pobres en cuanto al matrimonio, pero no es así. A lo mejor has leído todo este libro meneando la cabeza y en medio de las lágrimas porque crees que nunca conocerás las profundidades de la intimidad y la conexión que otras experimentan con sus esposos. Tal vez te has preguntado: «¿Y qué hay de mí? ¿Qué me dicen de una mujer que está llena de amor y de deseo, atrapada en un matrimonio con alguien que tiene muy poco de príncipe y mucho de bestia?».

Si te encuentras en un matrimonio así, lo lamento. Cada vez que recibo un correo electrónico de alguien como tú, siento una gran compasión. Debe costarte mucho levantarte y seguir adelante con tu vida cada día. Sé que haber tenido la oportunidad de elegir con quién te casarías y ver que este es el hombre que elegiste solo profundiza el dolor. Tal vez eras joven, ingenua o estabas profundamente herida cuando te casaste. Ahora eres mayor, más sabia y tienes más salud, y sin embargo, sigues viviendo las consecuencias de una elección que nunca hubieras querido hacer. En lugar de ser un libro de esperanza, a ti te puede haber hecho sentir más desanimada y desilusionada que lo que estabas antes de leerlo. Si es así, tengo algo de esperanza para ti.

Si vives con un hombre que te maltrata en el plano físico, emocional, sexual o espiritual, hay algunas cosas que debes hacer para asegurarte que él experimente las consecuencias de su comportamiento. Si te han dicho que debes sentarte y soportar con paciencia el abuso de tu esposo, te han aconsejado mal. Sentarse y no hacer nada solo lo habilita para que continúe siendo un hombre que tal vez hasta él mismo se desprecie. Si te encuentras en peligro físico, vete. Si estás tan desesperada que te parece que no puedes irte, comienza a buscar alternativas ahora mismo. Busca los recursos que te puedan ayudar a salir de la desesperación para que tú y tus hijos no estén en peligro.

Si no te encuentras en peligro físico, da algunos pasos para ver si la relación puede cambiar. Esto requerirá valor y perseverancia. También necesitarás la ayuda de otros. Sencillamente no puedes hacerlo sola.

En primer lugar, busca un consejo sabio. Si es posible, consulta a un consejero cristiano, un profesional capacitado que tenga una reputación sólida. Esta persona te puede ayudar mientras luchas por dejar de hacer lo que has hecho y te arriesgas a tomar algunas acciones que pueden iniciar el cambio. Si no encuentras un profesional, busca a una mujer sabia en tu iglesia o en un grupo de recuperación que camine junto a ti a través de este proceso. Alguien que haya pasado por lo mismo te puede guiar y alentar.

En segundo lugar, busca ayuda de otras mujeres. Una de las razones por las que puedes haber entrado en una relación malsana

con un hombre es la falta de relaciones saludables con las mujeres. La preocupación y el cuidado de otras mujeres pueden ayudarte a sanar. La presencia de mujeres fuertes que te amen y apoyen te ayudará a sentirte menos desesperada. Con la ayuda de
estas mujeres, puedes descubrir nuevas soluciones y alternativas
que sola no lograrías desarrollar.

En tercer lugar, crea una vida para ti misma. Tienes la posibilidad de elegir la manera de vivir. No tienes que vivir como si
estuvieras atrapada en la vida de otra persona. Piensa en actividades que pudieras hacer en lugar de sentir lástima de ti misma
o de vivir aislada. Sin duda, hay grupos a los que puedes inte-
grarte solo para divertirte. Ya sea que aprendas a bailar, a jugar a
las cartas o a desarrollar una nueva habilidad, existen oportunidades sin explorar para que experimentes con mujeres que se
preocupen por ti. Tal vez no sea la vida que siempre esperaste,
pero puede ser una vida con mucho más sentido de lo que jamás
imaginaste.

A lo largo de los años he observado a muchas mujeres que
tienen cambios drásticos que las conducen a una vida muy satisfactoria, aunque tengan un matrimonio insatisfactorio. Algunas
veces como resultado, no siempre, el esposo cambia. Mientras
más fuerte se vuelve ella y mientras más diversos son sus intereses y amplias sus conexiones, más se siente atraído él a ella. Al
comienzo, es probable que trate de aplastar sus esfuerzos de
expresarse y desarrollarse. Tal vez ejerza más control y se vuelva
más abusivo y ofensivo; pero luego esto da lugar a un mayor
deseo por su esposa. Sin embargo, aun en los casos en que esto
no sucede, estas mujeres han decidido vivir: tener relaciones
sanas y que te proporcionen cariño con otras mujeres, crecer y
aprender. Por lo tanto, ve y busca las amigas que necesitas para
vivir la vida que deseas.

Si quieres encontrar la vida que Dios desea para ti, debes
hacer algo más: perdonar. Es probable que sea lo último que
quieras, pero puede ser justo lo que más necesitas. Tal vez tu
esposo nunca te pida perdón. O algunas veces quizá te diga que

lo lamenta solo para repetir la misma ofensa al poco tiempo. Tal vez sea lo peor de lo peor, pero no importa lo «malo» que sea, tú necesitas encontrar la forma de perdonarlo. No por su bien, sino por el tuyo.

Cuanto más tiempo rehúses perdonarlo, más tiempo tendrá control sobre ti. Puedes pensar que no «merece» el perdón, pero tú mereces vivir más allá de la amargura y del resentimiento que te lastiman solo a ti. Mereces la libertad que solo vendrá cuando sueltes todo lo que tienes en su contra. Este no es un proceso instantáneo ni fácil. Es probable que te hayan lastimado tanto que te lleve años perdonarlo por completo. Si es así, con mucha más razón debes comenzar el proceso ahora.

Muchos hombres ni siquiera conocen las profundidades de la herida y del dolor que le han causado a la mujer que aman. Tenemos la costumbre de correr por la vida y de tropezarnos contra la gente más importante. Por favor, perdónanos por el daño que hemos causado. Por favor, perdona a tu esposo para que puedas desencadenarte de un pasado que no puedes cambiar y de sentimientos destructivos que no te puedes dar el lujo de albergar. Perdona lo imperdonable y sigue adelante hacia la vida que te espera.

Que Dios esté contigo al ir adelante con valor y descubrir una vida que tiene sentido y propósito. Espero y oro para que puedas experimentarla con un esposo que te ame, pero por encima de eso, espero que aprendas a vivir la vida en plenitud, con esposo saludable o no.

PD: Si has encontrado esperanza, aliento o mayor comprensión en este libro, por favor, cuéntales tus descubrimientos a tus amigas en la clase de Escuela Dominical. Hasta es posible que consideres conducir una clase o un grupo de discusión utilizando este libro. Si lo haces, por favor, infórmame cómo te va escribiéndome a esta dirección: sarterburn@newlife.com.

Notas

Capítulo 1

1. Aunque este libro intenta abarcar los problemas sexuales y emocionales más comunes que afectan a las mujeres, algunos de los que impiden la plenitud y la satisfacción en una relación quizá se encuentren fuera del alcance del mismo.

Capítulo 3

1. Stephen Arterburn, *Cuando el sexo se vuelve una adicción*, material adaptado de *Addicted to Love* [Adicto al amor], Editorial Unilit, Miami, FL, 1993.

2. Tim Clinton, de una clase titulada «Identidad del consejero profesional, Curso de vídeos de Función y Ética», Programa de cursos externos, Liberty University, Lynchburg, VA. Usado con permiso.

3. Stephen Arterburn y Fred Stoeker, *La batalla de cada hombre*, Editorial Unilit, 2003, p. 43.

Capítulo 4

1. *The New Standard Encyclopedia*, bajo la palabra «burlesque» [burlesco].

2. Cuadro preparado por Jack Hill para agrupar los puntos que se destacan en «From Eden to the Couch» [Desde el Edén hasta el sofá], de Craig W. Ellison, *Christian Counseling Today* 10, no. 1, 2002, p. 30. Usado con permiso.

3. Kari Torjesen Malcom, *Women at the Crossroads,* Inter-Varsity, Downers Grove, IL, 1982, pp. 78-79.

4. *Glamour*, octubre de 2002.

5. *Redbook*, octubre de 2002.

6. *Cosmopolitan*, septiembre de 2002.

7. Diane Passno, *Feminism: Mystique or Mistake?*, Tyndale, Wheaton, IL, 2000, pp. 7-8, 20-21.

8. Carle Zimmerman, *Family and Civilization* [Familia y civilización], Harper and Brothers, Nueva York, 1947, pp. 776-777.

9. Tim Clinton, de una clase titulada «Identidad del consejero profesional, Curso de vídeos de Función y Ética», Programa de cursos externos, Liberty University, Lynchburg, VA. Usado con permiso.

10. Neil T. Anderson, *Viviendo libre en Cristo*, Editorial Unilit, Miami, FL, 1994. Usado con permiso.

Capítulo 5

1. Adaptado de *Intimate Issues*, de Linda Dillow y Lorraine Pintus, WaterBrook, Colorado Springs, CO, 1999, pp. 199-201.

2. Dillow y Pintus, *Intimate Issues*, pp. 203-204.

Capítulo 6

1. Nota de la traductora: Traducción libre de la versión *The Message* [El Mensaje] en inglés.

2. Stephen Arterburn, *Cuando el sexo se vuelve una adicción*, Editorial Unilit, Miami, FL, 1993, material adaptado de *Addicted to Love* [Adicto al amor].

Capítulo 8

1. American Social Health Association, *Sexually Transmitted Diseases in America: How Many Cases and at What Cost?* [Asociación Estadounidense de la Salud Social, Enfermedades de transmisión sexual en Estados Unidos: ¿Cuántos casos y a qué precio?], Kaiser Family Foundation, Menlo Park, CA, 1998, p. 5.

2. Steve Marshall, «Elderly AIDS» [El sida en los ancianos], *USA Today*, 7 de julio de 1994, p. 3A.

3. Autor desconocido, *HPV Press Release* [Comunicado de prensa sobre el VPH], Medical Institute for Sexual Health (MISH) [Instituto médico para la salud sexual], Austin, TX, 9 de mayo de 2000.

4. Susan C. Seller, «A Meta-Analysis of condom Effectiveness in Reducing Sexually Transmitted HIV» [Un meta análisis de la eficacia del preservativo para reducir el VIH transmitido sexualmente], *UTMB News*, University of Texas Medical Branch—Galveston, 7 de junio de 1993, Social Science and Medicine, pp. 36:36:1635-44.

Capítulo 9

1. Ellen Michaud, «Discover the Power of Forgiveness», *Prevention 51*, no. 1, enero de 1999, pp. 110-115, 163-164.

2. Estos pasos se explican de forma más detallada en el cuaderno de ejercicios de *La batalla de cada mujer* (disponible solo en Inglés).

Capítulo 10

1. Mike Mason, *The Mystery of Marriage*, Multnomah, Portland, OR, 1985, p. 121.

2. Stephen Arterburn y Fred Stoeker, *La batalla de cada hombre*, Editorial Unilit, Miami, FL, 2003, p. 154.

Capítulo 11

1. Nota de la traductora: Por sus nombres en inglés: *Adoration, Confession, Thanksgiving, Supplication* y *Others* [Adoración, Confesión, Acción de gracias, Súplica y Otros].

Capítulo 12

1. Expresa los secretos a fin de descubrir el plan de Dios para la plenitud sexual y emocional comenzando un grupo en tu iglesia o en tu círculo de amigas con el objetivo de que juntas recorran las páginas de *La batalla de cada mujer*.

Acerca de la Autora

Shannon Ethridge es madre, escritora, oradora, consejera laica y misionera en pro de la integridad sexual. Ha hablado frente a jóvenes, estudiantes universitarios y mujeres adultas desde 1989, y entre las cosas que le apasionan se encuentran:

- inculcarle valores sexuales a los niños a una temprana edad.
- desafiar a los jóvenes a fin de que adopten una vida de pureza sexual.
- ministrar a las mujeres que han buscado amor en los lugares equivocados.
- desafiar a todas las mujeres a que hagan de Jesucristo el amor principal de sus vidas.

Shannon también es la fundadora de Women at the Well Ministries, que procura ayudar a las mujeres que luchan con la sexualidad, el amor y los problemas de relación, y también equipa a otras para que enseñen en los grupos de crecimiento de Women at the Well en todo el país y en el exterior.

Es instructora habitual en el campus de Teen Mania Ministries y se ha destacado su presencia numerosas veces en programas de radio y televisión. Ella y su esposo, Greg, hace trece años que están casados y viven en una cabaña de troncos entre los bosques de pinos del este de Texas con sus dos hijos, Erin de once años y Matthew de ocho.

Well Women Ministries

Para solicitar conferencias u otros recursos disponibles a través de Women at the Well Ministries, llama al 1-800-NEW-LIFE, ve a www.everywomansbattle.com, o envíale un correo electrónico a Shannon a Shannonethridge@everywomasbattell.com.